U0069353

93.

平和、秩序與叛逆:
第三帝國的日常生活

馬修·休茲（Matthew Hughes）

克里斯·曼（Chris Mann） ◎著

于倉和◎譯

目　錄

我的奮鬥：德意志的理想和現實

　　就像許多納粹份子一樣，生於西元一八八九年四月二十日的阿道夫・希特勒（Adolf Hitler），來自奧地利，同時也是一個無法適應環境的人，有充足的資料證明出他的幼年生活。一八八九年時，他出生在奧地利與德國邊境附近茵河（Inn）畔的布拉瑙（Branau），他的父親阿洛伊斯・希特勒（Alois Hitler）時年五十二歲，是奧匈帝國一名海關官員，而希特勒的母親是農村婦女，小丈夫

將近三十歲。一八七六年時，原本姓希克爾古魯伯（Schicklgruber）的阿洛伊斯認為這個姓聽起來既粗俗又土氣，因此將其改為希特勒。在奧匈帝國的這塊地區，希德勒（Hiedler）、西特勒（Hietler）、許特勒（Hüttler / Hütler）和希特勒（Hitler）等姓氏所代表的意思是「小農」。阿洛伊斯是私生子，希德勒是繼父的姓。

　　希特勒的童年過得並不愉快，雖然母親相當溺愛他，但父親卻極

←←希特勒擺出「天命之人」的姿態留影。納粹敏銳地察覺到媒體的優勢，並運用影片和廣播等工具來推銷希特勒。

↓1934年納粹大型群眾集會中的希特勒。

為嚴厲，難以相處。阿洛伊斯是一位典型的中產階級省公務員——為人節儉、嚴厲、學究、自負、缺乏幽默感，且具有階級意識。阿洛伊斯對於經營家庭並沒有太大的興趣，反而比較喜歡把時間用來在酒吧喝酒和抽菸，或是沉迷於養蜂。阿洛伊斯結過三次婚，是一個冷漠的人，他的體罰也許對兒子阿道夫造成深刻衝擊，可能對阿道夫以高人一等的蔑視對待柔順的女性、想要主導一切的欲望、無法深入經營人際關係，和他巨大的憎恨能量產生影響。從早年開始，阿道夫的堅強意志就與父親相衝突，這樣的衝突總是使年輕的阿道夫遭受嚴重打擊，正如阿道夫的妹妹寶拉（Paula）日後所回憶的：「尤其是在我哥哥阿道夫挑戰父親嚴厲態度的底線時，每天都遭到不折不扣的打擊……另一方面多少次，我的母親都會愛撫他、擁抱他，並試著用她的慈愛來獲得父親用嚴厲所無法達到的效果。」

艱苦的童年

阿道夫也未能接受完善的教育。他的父親因為工作的緣故而遷居，使孩子的學校教育中斷，最後阿道夫一九〇〇年從小學畢業，進入中學就讀。希特勒的父親選擇了一般中學，而非高級文科中學。一般中學較注重職業訓練，不太重視傳統的教育，這反映出阿道夫父親所抱持的觀點，認為古典和人文主義科目對於將來謀職維生並沒有太大用處。在一般中學求學期間，希特勒的表現並不突出，課業成績乏善可陳，平常不守規矩，時時和試圖管教他的師長們起衝突，為自己惹來麻煩。由於希特勒對於學校教育和師長們厭惡萬分，他因此中斷了學業。希特勒對學術研究和有關知識份子一切事物的蔑視，都可以在納粹主義中找到最強烈的表達，他評論道：「我的老師大部份在心智上都有些問題，而他們當中有不少人終其一生都是貨真價實的傻

↓希特勒的父親阿洛伊斯是一個嚴厲且愛記恨的人，當希特勒還是個男孩時他就過世了。在本圖中可看出他留了法蘭茲・約瑟夫（Franz Joseph）式的八字鬍和絡腮鬍。

↑第一次世界大戰爆發後，歡喜不已的希特勒擠在慕尼黑人群中的知名照片。這位未來的納粹領導人在 1914 年加入德國陸軍。

子。」在求學期間和往後的日子裡，希特勒唯一感興趣的主題就是德國，凡是在公共圖書館裡內容與德國各個方面相關之書籍，他都會加以研讀。

一九〇七年，希特勒前往維也納，想要進入維也納藝術學院就讀，不過卻無法通過入學考試，這對他來說又是另一次打擊，也是他憎恨教師和知識份子更深一層的根源。次年他的母親過逝，從這時起直到第一次世界大戰爆發時為止，他就待在維也納勉強糊口維生（一九一三至一九一四年時則是在慕尼黑）。這位德國未來的總理淪落到睡在廉價旅館裡，整天穿著長大衣，蓬頭垢面、不修邊幅，其他同樣貧困潦倒的朋友們就給他取了個綽號「歐姆·保羅·克呂格」（Ohm Paul Krüger），這是當時波爾人（Boer）首領的名字。然而希特勒可不是那種願意安於貧困的人，他的姑母把他母親的一些遺產施捨給他，而且再加上幫人畫素描的收入，一幅畫可以賣五克朗，他的生活水準提高了，收入偶爾還能達到年輕教師的水準，但是在其他時候仍為缺錢所苦。說實在地，從整體角度來看，希特勒在維也納的這六年生活確實不怎麼好過。

傳統的觀點認為，希特勒在維也納的時候培養出反猶太人的態度，不過這樣的觀點還不算明確。希特勒把畫作販賣給許多猶太人畫

商，也認為猶太人是比較精明的商人，比「基督教徒」畫商更可靠，他甚至與一名猶太畫商約瑟夫·諾伊曼（Josef Neumann）建立了良好友誼。但是後來在《我的奮鬥》（Mein Kampf）一書中宣稱，他從林茲（Linz）來到維也納之後就成為反猶太份子。希特勒在一個特別的章節中談到：「當我在貧民區中輾轉流浪時，突然間碰上一個穿著黑色長袖上衣、有著黑色頭髮的幻影。『他是一個猶太人嗎？』這是我的第一個想法。不過他們在林茲看起來並不像這樣，為了確認，我偷偷摸摸、小心翼翼地觀察這個人，但我盯著他的外國面孔愈久，細看一個又一個的特徵，就會冒出一個新問題：『是一個日耳曼人嗎？』」隨著這次的偶遇，希特勒開始以另一種觀點來審視維也納：「不論我到哪裡，我就開始注意猶太人，而且只要我看到愈多，他們在我眼裡與其他人類的區別也益發鮮明。」漸漸地，希特勒把有關奧匈帝國衰敗的怨恨都與猶太人的陰謀詭計聯想在一起，他也透過所謂的「馬克斯主義猶太教條」，把馬克斯主義和猶太人連結在一塊。

不過我們很難確認希特勒在這段期間內的反猶態度，然而他和一

↓第一次世界大戰的德軍士兵，戴著尖頂頭盔和簡陋的防毒面具站在壕溝裡。希特勒回顧他在西線的日子時，總是非常懷念。

些猶太人的友誼確實點出其他方向。希特勒在第一次世界大戰時的同袍們也證實他並沒有表現出明顯的反猶太人觀點，因此現在學界對希特勒的看法是，他宣稱在戰前的維也納成形之激進反猶態度，事實上主要是在一九一八年後的德國產生。希特勒強調在維也納所過的生活，更能強化他所自詡的從貧困中白手起家的形象。事實上，他對猶太人（還有馬克斯主義）的病態憎惡，看起來更像是德國於一九一八年戰敗所感受到的經驗，還有在威瑪德國（Weimar Germany）中身為暴民煽動者的生活裡產生，而非在衰敗奧匈帝國的戰前歲月。

一九一四年八月，隨著法蘭茲・斐迪南大公（Franz Ferdinand）遭暗殺身亡，第一次世界大戰在歐洲爆發。這場戰爭震撼了舊世界，並且證明對被捲入衝突的人們來說是形塑人格的體驗，例如希特勒和義大利的貝尼托・墨索里尼（Benito Mussolini），都是退伍士兵成為戰後法西斯運動的骨幹份子。如果大戰沒有在一九一四年爆發的話，希特勒很可能就會以二流無名畫家的身分勉強地度過餘生，但是他命中注定要踏上另外一條路。

身為奧地利人（而且還是一個逃避奧匈帝國陸軍兵役的人），他向巴伐利亞（Bavaria）統治者路德維希三世（Ludwig III）國王提出申請，要求加入德國陸軍中的巴伐利亞部隊。從整體來看，這場戰爭對希特勒而言是上天賜予的禮

物，這代表他在一九〇七年離家後失業閒散生活的結束；對希特勒來說，這是他第一次有了目標、同志和紀律，也是第一份真正的工作。希特勒不顧一切地堅持留在巴伐利亞第 16 後備步兵團〔也因為團長的關係而被稱為李斯特（List）團〕，即使負傷也一樣，日後希特勒在提到這段戰爭歲月時，稱之為「我世俗一生當中最偉大也最無法忘懷的日子。」

希特勒在大戰期間擔任傳令兵，勇氣過人，總是在戰況最激烈的時候出任務，冒了許許多多風險，然而長官們認為他缺乏領導潛能，所以他從未晉升到下士以上的階層，但希特勒看起來對晉升也興趣缺缺。一九一四年十一月，一枚法軍砲彈命中了該團的前進指揮所，參謀人員幾乎非死即傷，那時希特勒才剛離開沒幾分鐘而已。一九一四年十二月二日，希特勒獲頒二級鐵十字勳章，他說這是「我一生中最愉快的一天。」除此之外，希特勒非常嚴肅，缺乏幽默感。有一次，希特勒的同袍們暗示他是否會想要跟一名法國女孩約會，他反感地回應：「要是我跟法國女孩上床的話，我會羞憤而死。」這是希特勒在戰後與女性關係不佳的前兆。不過他卻對同袍十分忠實，與希特勒一起服役的人通常在戰後受到良好照顧。然而另一方面，例如一九三四年「長刀之夜」（Night of the Long Knives）這類的行動（可參見第八章）可以證明，如果希特勒認為戰爭中的老兵，或是往

↑戰後德國的不滿：圖為 1919 年時的群眾示威。希特勒在慕尼黑親眼目睹志願軍粉碎巴伐利亞的社會主義政府。

昔的納粹運動同志成為威脅的話，他也會毫不考慮地殺害他們。

在壕溝中，希特勒曾收到幾個從家鄉寄來的包裹；他既不抽菸，也不喝酒，也從未嫖妓，反而把時間花在沉思上，或是用來閱讀，成為同袍們冷嘲熱諷的笑柄。在前線時，希特勒喜歡一隻白色的小獵犬，在壕溝戰的恐怖當中，希特勒若是有付出任何感情，都是花在這隻獵狐犬身上，因此當這隻狗走失時，希特勒就這麼一次動了情緒，他對這隻狗的喜愛可以在之後寵愛亞爾薩斯狗布隆迪（Blondi）身上看得出來。希特勒對狗比對人還要親暱，可能是因為牠們對人類表現出堅定不渝之忠誠和順從的本領。

希特勒欽點的建築師和戰爭計劃者艾伯特・史貝爾（Albert Speer）就曾回憶到，希特勒對狗的寵愛看來是他唯一具備的人類情感。

雖然身為奧地利人，希特勒極度地愛國，心中念茲在茲的是德意志帝國的戰鬥。一九一四年時，他反對耶誕節歡樂的氣氛，並且容易被同袍認為戰爭會失利的失敗主義者觀點而激怒。有趣的是，如同前面所提到的，希特勒的同袍們還記得他沒有太多敵視猶太人的批評，但一些即席的反猶太人演說總和，成就了一位未來主導大屠殺的人。

尚未結束的世界大戰

一九一六年，希特勒被一枚英

軍砲彈炸傷，因而被送往柏林附近的一間醫院接受治療。當他目睹前線後方士氣低落、裝病逃兵事件層出不窮時大受震撼，而此一印象之後就變成納粹主張德國之所以會戰敗的「暗箭」迷思。希特勒非常渴望再度返回戰場，因此於一九一七年三月在維米（Vimy）附近重新加入李斯特團。一九一八年八月四日，希特勒獲頒一級鐵十字勳章（Eisernes Kreuz, EK1），這對德意志帝國陸軍的一般士兵來說是個相當罕見的殊榮。但諷刺的是，希特勒是被一名猶太軍官胡果·古特曼少尉（Hugo Gutmann）提名而得到這枚勳章。據說希特勒是因為單槍匹馬俘獲十五名敵軍士兵才獲頒勳章，但實際上是因為他在猛烈敵火中英勇地傳遞一道命令而建功。古特曼向兩名傳令兵做出承諾，其中一名是希特勒，如果他們達成任務，就可以獲得勳章。就算不是引人注目，傳令兵勇敢的行動也意味著古特曼在勳獎獲得同意之前就已經花了幾個星期的時間向師部申請。

一九一八年十月，也就是休戰前一個月，希特勒被芥子氣弄傷眼睛，導致局部失明。當戰爭結束時，他正在波美拉尼亞（Pomerania）的醫院中休養，逐漸恢復健康。德國戰敗的消息深深撼動了希特勒，他躺在醫院病床上時回想起如何「得知每一件事情都失敗了，只有傻瓜、騙子和罪犯會希望獲得敵人的憐憫。在這幾夜裡，針對帶來這一切罪惡的人，我

的怨恨逐漸增長，不過我決定要投身政治。」

第一次世界大戰使歐洲受創，並為共產主義和法西斯主義的成功奠定基礎。對許多打過壕溝戰的老兵來說，重返平民生活結果證明是不可能實現的調和過程，而這些老兵當中有許多人在新興法西斯運動的筆挺制服和紀律嚴明當中找到新家。在德國，許多未來的資深納粹黨人，像是赫曼·戈林（Hermann

↓1921年希特勒著平民服裝攝影。他在戰後被陸軍雇用，負責監視極端組織，包括德意志工人黨在內。

Göring）和魯道夫・赫斯（Rudolf Hess）都曾親身參與第一次世界大戰，並且把他們在前線上的物質生活帶進法西斯政治中。對希特勒來說，左翼和右翼對決的政治鬥爭正在撕裂他所重返的德國，共產主義份子和右翼的準軍事單位志願軍（Freikorps）相互纏鬥以爭奪控制權。身為一位忠實的士官，希特勒的名字一直在李斯特團的發餉名單當中，並被賦予在慕尼黑偵查政黨組織的任務，這是他在承平時期唯一擁有固定薪俸的工作。在希特勒所要偵查的政黨組織當中，有一個德意志工人黨（Deutsche Arbeiterpartei, DAP）最能吸引他的注意力。一九一九年九月，年方三十的希特勒在德意志工人黨一場會議上以辛辣用詞打岔發言之後，加入了德意志工人黨，成為第七位黨員。然而他真的是第七位黨員嗎？

包裝出來的第七位黨員

　　在希特勒的一生，其中一個不斷循環的話題就是欺騙。如同在前面看到的，他在維也納時與猶太人做生意，看起來並未表現得格外反對猶太人。希特勒在一九二〇年代培養出的反猶主義需要有一些根源，因此希特勒宣稱他的反猶主義是在維也納生活的時期中形成。然而這並非實情，因為被出賣的感覺和許多德國人在戰敗後所感受到的憎恨，使得希特勒就像許多其他人一樣，在一九二〇年代成為極端的反猶主義者。希特勒需要與眾不同，而不是把他的意識形態歸屬到一九一九年時許多德國人都抱持的乏味想法，他要有長遠眼光，這就是為什麼他在述說維也納的生活時撒了謊，希特勒之後自述的使他成為「特別的人」。

　　有關希特勒的德意志工人黨黨員資格也是相同的道理。希特勒實際上是對事件做出反應，並加入一個已經成立的政黨，而不是在前方領導，創立屬於自己的政黨，因此希特勒可能是個務實主義者，而非空想家。希特勒事實上是以德意志工人黨第五百五十五位黨員的身分加入該黨，但是納粹隨後掩蓋了此一事實，並宣稱希特勒是第七位黨員。德意志工人黨的創黨人安東・德瑞克斯勒（Anton Drexler）甚至在一九四〇年時寫信給元首表示：「我的元首，沒有人比您更心知肚明，您從來就不是工人黨的第七位黨員，當我要求您擔任宣傳代表的時候，您充其量是委員會的第七位委員。數年前，我被迫在黨務會議中抱怨您第一張上有許斯樂（Shüssler）簽名的德意志工人黨黨證已經被竄改，從第五百五十五號改成第七號……如果歷史過程能像實際發生的狀況一樣描繪出來的話，不知道會多好、多有價值。」（德瑞克斯勒在黨內成為幕後人物，被人們遺忘，一九四二年於慕尼黑去世。）

　　希特勒對於演講相當拿手，他的演說為德意志工人黨吸收到新黨員，他在一九二一年時接管黨務，還將黨名更改

為國家社會主義德意志工人黨（Nationalsozialistische Deutsche Arbeiterpartei, NSDAP）。這個黨名被縮寫成納粹（Nazi），是由 national 的第一個音節 Na 和 sozialist 的第二個音節 zi 合成（類似的狀況也發生在把國家祕密警察（Geheime Staatspolizei）縮寫成「蓋世太保」（Gestapo）的過程裡）。「納粹」一詞徹底成為法西斯主義的象徵，進而招募到新血，不但有制服，也有一種新的問候方式取代了日安（Guten Tag），就是「希特勒萬歲！」最後在德國，新的學期就以「希特勒萬歲！」做為開始，而每一位學童都被指望每天說超過一百次「希特勒萬歲！」。

隨著新的問候方式而來的就是高舉右手臂敬禮；納粹也將一種古印度吉祥標誌「卍」（Swastika）挪用為影響深遠的黨徽，即帶鉤十字（Hakenkreuz），這是一種古老的符號，曾出現在陶器上，時間可追溯至四千年前左右。在納粹的安排下，黑色的帶鉤十字再配上紅底白圈的底圖，代表優越的「亞利安」（Aryan）種族，而納粹的宣傳機器在約瑟夫‧戈培爾博士（Josef Göbbels）的指揮下，將這

↓早期的納粹黨員聚會。最右邊的納粹黨員配戴鐵十字勳章和帶鉤十字臂章，納粹挪用了這種古老符號。

↑1923年政變失敗前，希特勒著便服參加納粹在紐倫堡舉行的集會，此時納粹在巴伐利亞擁有七萬名黨員。

個符號普及化，成為正式的納粹象徵。

希特勒的簡單政治標語方案補強了符號和問候的運用，這項方案是利用報紙和衝鋒隊（Sturmabteilung, SA）在幕後支持。衝鋒隊是由另一個老兵，也就是粗暴的恩斯特‧羅姆（Ernst Röhm）指揮，負責在街頭與共產黨員和社會民主主義份子戰鬥。希特勒不斷大力宣揚德國所有的悲慘和不幸，都是國際上猶太人和馬克斯主義份子造成的結果，而他這些訊息就被許多人民滿懷熱情地接受，他們因為凡爾賽條約（Treaty of Versailles）和經濟混亂帶來的苦痛感到氣憤。希特勒關於

種族優越和極端國家主義的想法並不是全新的東西，但他利用令人目不轉睛的表演能力和滔滔不絕的雄辯口才加以渲染。所有這一切都經過小心翼翼的策劃，為的是讓希特勒能夠建立如神一般的地位。一九二一年，當希特勒走進慕尼黑的一間學生咖啡館時，赫貝爾特‧里希特（Herbert Richter）憶及：「他穿著一件開領襯衫，身旁有警衛人員，還有支持者前呼後擁……而我注意到跟他一起抵達的那些人的樣子——他們當中大約有三、四個人，他們的眼睛盯著希特勒猛看；對許多人來說，他身上一定有什麼特別迷人的地方。」

命定之人

　　這類激勵人心的形象，是由希特勒的官方攝影師海因里希‧霍夫曼（Heinrich Hoffman）所主導，他創作出一系列的希特勒照片，帶有自然主義的味道以及「命定之人」的感覺：希特勒以銳利的目光掃視人群，身旁總是有彬彬有禮、忠實體貼的隨扈圍繞。希特勒看到他的人格成為納粹一個最大資產，因此培養了「偉大人物」的獨特格調，像是在跟別人說話時會專注地凝視對方的雙眼等。

　　弗立多林‧馮‧史保恩（Fridolin von Spaun）曾在一次納粹的晚宴中遇見希特勒，他回憶道：「突然間，我注意到希特勒的目光停留在我身上，因此我也抬起頭來看著他，這可以說是我一生當中最難以理解的時刻之一。他不是猜疑地看著我，但我感覺到他這樣仔細地瞧著我有點像是……對我來說很難繼續承受這樣的眼神，但是我心裡想著一定不能把我的眼睛移開，否則他會認為我是在逃避什麼。然後就發生了一件只有心理學家才能夠論斷的事──如此的凝視

↓1923 年時的納粹突擊部隊，希特勒在這一年發動「啤酒館政變」。這些人的裝備包括步槍和警棍，大部份都穿著第一次世界大戰時期的制服。

剛開始完全停留在我身上，忽然間就直直地穿越我，射向無從得知的遠方。這真是不尋常的體驗，而他向我投射來的這個深邃凝視讓我完全說服自己他是位有著高尚意圖的人。現在大部份人可能不會再吃這一套，他們會說我老了，而且很幼稚，但那不是真的，他本身就是一個驚人的奇蹟。」正如政治學中常見的方式一樣，希特勒證明了一九二〇年代德國陸軍司令漢斯·馮·席克特（Hans von Seeckt）的座右銘：「鋒芒內斂」。

啤酒館政變

一九二三年，希特勒在慕尼黑領導了一次流產政變（也就是所謂的「啤酒館政變」），意圖拉開對抗威瑪共和的全國革命序幕，希特勒周圍的「神話」創造因而加快了腳步，一切事務都再次跟第一眼的印象有所不同。政變最後失敗了，希特勒和其他主謀元兇於一九二四年二月接受審判，不過他站了出來，宣稱要為這次的政變擔負完全責任，因為這次事件奪去了三名警察的性命。他在法庭前的演說和舉止使他聲名大噪，成了全國家喻戶曉的知名人物。

希特勒在法官面前宣稱：「先生們，並不是您對我們宣布判決，而是歷史的永恆法庭將會做出針對指控我們犯下（叛國罪）的宣判……您可以宣判我們有罪一千次，但是主持永恆歷史法庭的女神將會對我們微笑，然後把檢察官的訴狀和這個法庭的裁決書撕成碎片，因

為她宣告我們無罪。」在一般的狀況下，這些充滿勇氣的辭令將會激怒法官做出更重的判決，但是在這個公開的法庭場合，希特勒並沒有真正地冒任何風險，因為主持這場審判的法官葛歐格·奈特哈特（Georg Neithardt）在一九二二年就已擱置了一次稍早時希特勒被控暴力滋事的審判。在那場審判中，奈特哈特裁定了最輕微的三個月徒刑，之後他再寫信給高等法院，要求將三個月徒刑減輕為罰鍰。一九二四年，當希特勒勇敢地挺身而出時，他是在富有同情心的法官面前這麼做，十分明白他可以暢所欲言。等到一九三三年一月希特勒掌權後，納粹試圖迅速查封有關這場審判的所有證據（他們同樣也沒收了有關希特勒戰前在維也納的生活細節的證據）。在「啤酒館政變」的審判中，希特勒並沒有像一般從書中讀到的那樣創造歷史。

在被判處最輕的五年徒刑後，希特勒於蘭德斯堡監獄（Landesberg）裡一間舒適的單人牢房服刑（他甚至因為吃太多而胖了不少）。十個月之後他就出獄了，並且在獄中寫了一份宣言〈對抗謊言、愚蠢和懦弱的四年半奮鬥〉（Four and a Half Years of Struggle against Lies, Stupidity and Cowardice），之後被希特勒的出版商馬克斯·阿曼（Max Amann，後來成為帝國新聞辦公室主任）縮短為生氣蓬勃的《我的奮鬥》。《我的奮鬥》中許多浮誇、雜亂的討論被許多人看作是希特勒日後行

←←希特勒與衝鋒隊隊長恩斯特·羅姆。儘管他在 1920 年代時與希特勒關係密切，但逐漸被視為是一大威脅，並於 1934 年遭到暗殺。

動的藍圖，然而希特勒實際上執行的政策卻顯示並非如此。

不過很快地，德國的每一個家庭都必須要有一本《我的奮鬥》（就算只有少部份德國人真正讀過），而這本書的版稅就成為希特勒個人收入的主要來源。在戰後，希特勒的所得稅檔案被人發現，內容揭露了希特勒在一九二五年的收入是一萬九千八百四十三馬克、一九二六年是一萬五千九百零三馬克、一九二七年是一萬一千四百九十四馬克、一九二八年是一萬一千八百一十八馬克，而一九二九年則是一萬五千四百四十八馬克，這些數字與他賣這本書所得的版稅密切吻合。

希特勒在蘭德斯堡之後的經歷都有妥善的檔案紀錄。在一九二〇年代末期，納粹在選舉中的表現奇差無比，但之後華爾街（Wall Street）經濟崩潰帶來的大蕭條卻協助納粹取得無比聲望。富有的德國政治人物和商人認為他們可以控制希特勒，並利用他來打擊共產主義和勞工組織，因此在他們的資助下，希特勒於一九三三年一月成為德國總理，這就是希特勒第三帝國

↓1923 年納粹於慕尼黑舉行的集會。注意演講者在向大批群眾演說時，身旁有武裝警衛保護。

Vom Hitlerputsch 9.Nov.1923 in München,
Säuberung der Strassen.

的肇始；最後這個第三帝國僅僅維持了十二年，並使德意志遭受戰敗、毀滅和被佔領的屈辱。

「你比敵人更強大就會勝利」

　　在納粹主義國家的發展過程中，希特勒的人格和想法很自然地扮演了重要角色。他最受爭議的其中一條信念就是社會達爾文主義，其意思是指在社會或政治中，持續不斷地鬥爭會使最適合的人存活下來，因此希特勒鼓勵他的部下以主動積極的態度來開拓自身的權力基礎，如果他們是「最強大且最適合的人」的話就會成功。在一九二八年於庫姆巴赫（Kulmbach）的一場演說中，希特勒告訴聽眾「鬥爭的想法就跟生命本身一樣久遠」，

他接著說：「在這場鬥爭當中，比較強大、比較有能力的人會獲得勝利，而比較沒有能力、比較衰弱的人就會失敗。鬥爭是萬物之父。」

　　因此，當古斯塔夫‧塞佛特（Gustav Seifert）在一九二五年寫信給納粹中央黨部，要求重新任命漢諾威（Hanover）的黨部主管後，他就收到如下的回應：「希特勒先生原則上認為，『指派』黨部主管並不是領導階層的工作；希特勒先生現今更加確信，在國家社會主義運動中，最有力的鬥士是透過本身的成就而為自己贏得尊敬，進而成為領導者的人。你在信中提到幾乎所有的黨員都服從你，那麼為什麼不乾脆就主動接管黨部主管的職權呢？你為什麼不這樣做呢？對

↑1923年納粹政變陰謀失敗後，德國陸軍騎兵肅清慕尼黑的街道。希特勒和戈林在這場流產政變中都受了傷。

R.P. Nürnberg
1927.

↑1927 年，希特勒穿著國家社會主義德意志工人黨的制服，右起第四人是他的黨內同志葛瑞果・史特拉瑟（Gregor Strasser）。史特拉瑟逐漸被視為是希特勒的威脅，在1934 年遭到暗殺。

年輕人來說還有什麼領導統御會更刺激呢？如果你不喜歡這樣的話，改變它，不要來求我們下命令，如果你比敵人強大的話你就會勝利。」

　　如此的權力下放幫助產生了一種荒謬且唐突的論點，就是希特勒對大屠殺一事毫不知情。舉例來說，一九四二年通過「最終解決方案」的萬湖（Wannsee）會議是由萊因哈德・海德里希（Reinhard Heydrich）〔帝國安全局局長和摩拉維亞（Moravia）攝政〕主持，他身為希特勒的全權代表，這與納粹早期希特勒的支配作風一致，不過到最後，元首總是對屬下維持如鋼鐵般的緊密控制。

　　在個人生活方面，希特勒是個素食主義者，不抽菸也不喝酒，一名醫生泰奧多・莫瑞爾（Theodor Morell）開給他許多「藥方」，當中許多具有讓元首慢性中毒的效果。以希特勒和異性關係的觀點來看，他看起來曾經只有過一段嚴肅看待的關係，而且牽涉到一些真正的情感。這段感情對象是他的姪女嘉莉・勞巴爾（Geli Raubal），她在一九二九年時前來和「阿道夫叔叔」同居；一九三一年時，她被人發現用希特勒的手槍自殺，芳齡二十三歲。嘉莉的自殺對希特勒造成強烈衝擊，並更加堅定了他面對女

性時既定笨拙的態度，雖然希特勒喜歡調情，並且偶爾做些愚蠢的肉體挑逗，但他對女性沒有什麼興趣。然而希特勒和嘉莉之間的關係看起來不大一樣，他過分地吃醋，並謹慎小心地控制她的行動和跟她見過面的人，她不管去哪裡都有人陪伴，實際上跟犯人沒兩樣。希特勒的政敵十分重視他虐待嘉莉肉體的推測，但關於此事從未有過確切的證據。

在《第三帝國興亡史》（*The Rise and Fall of the Third Reich*）一書中，作者威廉・許瑞爾（William Shirer）暗示希特勒如被虐待狂般的性慾可能會使嘉莉反感，但這也沒有確鑿的證據，不過的確是希特勒在精神上的虐待使嘉莉尋短。儘管希特勒對於嘉莉的死感到心灰意冷，甚至近乎歇斯底里，不過他旋即從她的自殺事件中恢復過來，並重返政壇，回到掌握權力的事務當中。在第三帝國的最後時日裡，希特勒與他多年的紅粉知己伊娃・布勞恩（Eva Braun）結婚，但她是十足的笨女人，在希特勒的生命中所扮演的角色就只是個貌美金髮伴侶，絕對不會和元首唱反調。

到頭來，實在不能不同意歷史學家休・崔佛羅普（Hugh Trevor-Roper）對於希特勒的心智狀態下的結論：他是個可怕的天才，他如岩石般的冷酷剛硬的確氣勢懾人，然而從他犯下的各種妨害行為來看，又是卑劣到了極點。就像某種未開化的龐然大物，展現其巨人的

氣力和野蠻、原始的腦袋，被逐漸腐敗的大批垃圾包圍。老舊的鐵罐、死掉的寄生蟲、灰燼、蛋殼以及排泄物，簡直是幾世紀所累積下來的理智殘渣。

艾倫・布洛克（Ａｌａｎ Bullock）在他權威性專書《希特勒：暴政的研究》（*Hitler: A Study in Tyranny*）中也以同樣鬱悶的評價做出結論，強調希特勒對歐洲歷史造成的深刻衝擊：「他（希特勒）不只是對德國、也對歐洲的『制度』相當反感，也厭惡對他來說象徵著一度在維也納把他摒棄在外的自由主義中產階層秩序。他的任務就是就是要摧毀它，並

↓希特勒的姪女嘉莉・勞巴爾，也很可能是他唯一的真愛。不過希特勒性好猜疑，嘉莉因而在 1931 年自殺。

→伊娃‧布勞恩。她是希特勒的情婦，待在他身邊長達十二年之久，兩人並於1945 年 4 月結婚。一天後，蘇軍進入柏林，她和希特勒雙雙自殺。

對此堅信不移。在這一切當中，他的意圖給人最深刻的感覺就是他不會失敗。歐洲也許會再度興起，但在法國大革命的一七八九年和希特勒發動戰爭的一九三九年之間的舊歐洲，已經永遠地離我們而去了——歐洲歷史上最後一個人物就是希特勒，他就是舊歐洲崩潰毀滅的締造者。『如果你想找尋他的紀念碑，就看看四周吧！』（Si monumentum requiris, circumspice.）」

　　無論希特勒的人格多麼狂妄自大，他並不是一個天降神兵。希特勒之所以能成功主宰德國，並一路帶領德國走向毀滅，可以大大歸咎於德國近代史，特別是德國國內的衝突與德國制度正統性的問題。

　　希特勒所統治的德國一直要到十九世紀的最後二十五年才成為一個統一的國家，而且直到十九世紀中葉為止，任何關於單一一個德意志國家的言論都會被認為是荒謬的。就政治、宗教和社會而言，與法國和英國比較起來，德國的狀況在十九世紀末葉可說是有天壤之別，許多基礎制度無法遍及全國。舉例來說，在宗教方面，德國是歐洲主要強權中既不是由天主教、也非由新教支配的國家，因此巴伐利亞主要是天主教勢力範圍，普魯士（Prussia）卻不折不扣

地奉行新教。這樣的區域差異也出現在其他方面，比如說萊茵蘭（Rhineland）比什列斯威－霍斯坦（Schleswig-Holstein）自由等。

在十九世紀末葉，這種宗教上的差異被一個強大的權威主義傳統掩蓋。在整個世紀中，普魯士對丹麥、奧匈帝國和法國的軍事勝利在幕後支撐著德意志的統一和擴張。從一八二三年開始，普魯士和日耳曼諸小邦組織了一系列的關稅同盟；一八六四年，她擊敗丹麥，併吞了什列斯威－霍斯坦；一八六六年，奧匈帝國戰敗，被逐出由普魯士主導、美因河（Main）以北日耳曼各邦所組成之北日耳曼邦聯（North German Confederation）；之後在一八七〇年，普魯士擊敗法國，亞爾薩斯（Alsace）和洛林（Lorraine）兩省被併吞，美因河以南的日耳曼各邦接著就加入了德意志帝國，這是一個嶄新的政治實體，由普魯士皇室出身的皇帝統治，首相則由奧圖・馮・俾斯麥

↓希特勒是煽動家，他擅長運用大量手勢來加強演說效果。

（Otto von Bismarck）擔任。很明顯地，這個新帝國擁有一部自由主義的憲法，權力掌握在由人民選出的議員手中，然而普魯士邦有著權威主義的傳統，從來沒有議會政治的實際經驗。

對外界來說，新的德國是一個現代化、朝氣蓬勃的國家，人口和經濟規模不斷擴張。德國的人口在一八八〇年為四千五百萬人，一九〇〇年為五千六百萬人，到了一九一四年則為七千萬人；人口成長後，隨之而來的就是更快速的工業擴張。在一九一〇年，德國已有百分之六十的人口住在都市地區，因此這樣的改變在內部造成了巨大的社會問題。工業的爆炸性增長擾亂了傳統生活方式，使得人民開始質疑政治制度。「就一支對自然環境和古老城鎮用情很深的民族而言，大得可怕且醜陋無比的城市突然破土而出著實令人感到痛苦；但德國人做事情也很徹底，到了一九一〇年，德國境內的大城市幾乎跟歐洲大陸上其餘地方的大城市一樣多。」〔弗里茲・史特恩（Fritz Stern），《文化絕望的政治》（*The Politics of Culture Despair*）〕。

同時與理想破滅關係密切的是大量日耳曼民族主義的反自由主義氛圍。對於這些改變的典型反應，例如特別是在中產階層之間的，是一種懷舊的神祕主義。人們回首傾聽現代化之前的年代，回到日耳曼農民親近土地的「通俗」社會〔納粹之後會把「鮮血與土地」（Blut und Boden）這句口號用來做為傳達反都市化、反工業化和反資本家教條的語言〕。許多德國人開始回顧一千年前保衛日耳曼土地、對抗東方掠奪者的人，像是狩獵者亨利（Henry the Fowler，八七六至九三六年）。

「民族」特徵也被輕易地借用到種族主義中。如同大部份的歐洲國家，反猶主義在十九世紀末期十分普遍，德國當局也不反對運用反猶主義來達成政治目的，例如在一八七〇年代，俾斯麥首相就曾利用一些與猶太人有所牽扯的金融醜聞來打擊自由主義派政敵。

只是任何這些因素對希特勒的崛起掌權到底有多大重要性仍不無爭議，然而我們都清楚支撐德意志帝國合法性的問題具備長期重要性。在一九一四年至一九三〇年的這段時期，一連串事件橫掃了這個龐大、強而有力的日耳曼國家，造成災難性的衝擊，部份是因為這個國家最基本的制度依然不成熟且衰弱。第一次世界大戰的血腥殺戮、一九一八年德國戰敗、君主政體的崩潰、革命運動、凡爾賽條約的衝擊、一九二〇年代初期悲慘的通貨膨脹、威瑪共和統治期間民主制度遭遇的各項問題，還有最後的經濟大蕭條，所有的這一切都讓德國社會瓦解崩裂的壓力與日俱增，因此創造出一種可以讓希特勒這類的政治人物上台之氣氛。

←←1934 年納粹在紐倫堡舉行的集會，圖中是希特勒（中）、海因里希・希姆萊（左，黨衛軍最高長官）和維克托・盧采（Victor Lutze，右，衝鋒隊隊長）。

沒有希望的民族

一九二〇年代的德國

　　時常有人主張德國人在西元一九二〇年代的不滿與憤怒是源自於不公正的戰後和平解決方案，以及一九一九年簽署的凡爾賽條約，但從後見之明來看，如果把凡爾賽和約拿來和德國對戰敗的羅馬尼亞簽訂之布加勒斯特條約（Treaty of Bucharest），與一九一八年和俄羅斯的布里斯特李托佛斯克條約（Treaty of Brest Litovsk）相比較，或是和如果德國人戰勝，為主宰歐洲所制定的計劃，像是貝特曼・霍威格（Bethmann Hollweg）在一九一四年的「九月計劃」（September Programme）文件當中所陳述的相比，凡爾賽條約的「不公正」是一個很難支撐的論點；不過若是仔細檢視凡爾賽條約，就會發現德國為了發動並進行戰爭所要付出的賠償並非不合理，

←←戰間期於德國舉行的一場會議中，希特勒發揮他驚人的演說技巧。

↓1921 年，德國某地的工人防衛隊義勇軍單位正準備行動。

這也是事實。對德國來說，她付得起這些獲得同意的賠償，但是德國人不願意支付賠償導致了一系列的妥協，最後在一九三○年代希特勒撕毀凡爾賽條約時達到最高潮。

然而在當時，德國境內許多人的看法就是凡爾賽條約一點也不公平，在他們眼中，這是一個苛刻的「迦太基式和平」（Carthaginian Peace），意圖永遠壓垮德國的力量。在英國有一些人，像是經濟學家約翰‧梅納德‧凱因斯（John Maynard Keynes），他在許多書籍，例如一九一九年出版的《和平的經濟後果》（Economic Consequences of the Peace）一書中

支持這樣的觀點。凱因斯認為這份條約並不會過於嚴苛，而且他對於如果德國打贏戰爭後會出現什麼樣的和平有一套深思熟慮的想法。不過對一群試著勉強接受屈辱戰敗和經濟大蕭條的民眾來說，懲罰性和平的想法立即流傳開來，德國有許多人甚至質疑他們是否真的戰敗了，畢竟當戰爭在一九一八年十一月結束時，德國尚未被佔領，且戰爭結束時德國陸軍已經從法國和比利時的前線井然有序地撤退，這就是之後納粹「暗箭」迷思的基礎──馬克斯主義者和猶太人在本土戰線出賣陸軍的概念。這樣的想法會挑起另一場戰爭、另一次戰敗，並

↓1919 年流產革命期間的德軍士兵和水兵。這些砲手來自於在第一次世界大戰後起義的蘇維埃士兵與水兵。

且被英國、法國、美國和蘇聯佔領，以證明德國是徹徹底底地戰敗了。

當第一次世界大戰結束時，許多前線士兵無法面對戰敗的事實，包括來自奧地利的希特勒下士在內。「我們確實很納悶，」戰爭老兵赫爾貝爾特‧里希特（Herbert Richter）回憶：「因為我們一點都不感覺被打敗了。前線的部隊不認為自己被打敗，而且我們非常想知道為什麼休戰會來得這麼快，也想知道為什麼必須在那麼匆忙的狀況下撤出陣地。我們仍站在敵人的領土上，這一切實在是太奇怪了。」里希特栩栩如生地回憶起他在戰爭結束時的感受：「我們很憤怒，因為我們的力量還沒有用盡。」

短暫的威瑪共和

短命的威瑪共和就是在這樣戰敗且憤怒的氣氛中誕生。甚至在威瑪共和宣告成立的同一時間，左派和右派的激進份子就蠢蠢欲動準備奪權。一九一九年二月，國民議會首度在威瑪召開，之所以不在柏林召開，是因為柏林充斥著一九一九年一月左翼的斯巴達克斯黨（Spartacus）發動流產革命留下之景象；革命行動由卡爾‧李布克希特（Karl Liebknecht）和羅莎‧盧森堡（Rosa Luxemburg）率領，結果受到志願軍（Freikorps）無情鎮壓，兩人在鎮壓行動中雙雙被殺害。

德皇退位並逃往荷蘭，協約國部隊進入德國，並在萊茵蘭建立永久佔領區，德國的戰俘沒有被遣返，而英國海軍仍持續在適當的地方進行封鎖，這樣的封鎖持續到一九一九年，以阻止糧食運入德國，讓德國人民挨餓直到德方同意凡爾賽條約的解決方案。對德國人來說，所有一切的困境都是威瑪共和的罪過，雖然其憲法包含了許多民主要素，但部份人士認為威瑪共和只不過是戰敗的私生子。威瑪共和未能得到協約國的全力支持，又被國內的反對者攻擊，只持續到一九三三年希特勒上台時為止；不過令人感到欣慰的是，威瑪共和雖然短命，還是比希特勒的第三帝國活得久些。

令人不滿的國家

在一九二○年代早期為了奪權而進行的鬥爭中，可以見到前線士兵組成右翼準軍事組織「志願軍」對抗共產主義革命的威脅。志願軍艾爾哈特旅（Ehrhardt Brigade）的士兵們帶來從他們在波羅的海（Baltic）地區戰鬥開始就一路使用至今的傳統符號，他們把這個符號畫在鋼盔上，也就是「卍」。戰鬥在巴伐利亞邦首府慕尼黑格外激烈，雙方都想盡辦法，希望能在一連串艱苦的巷戰、暗殺敵對組織首領的行動中擊敗對方。一九一九年五月，親共的左派政府被推翻，正規軍在志願軍的協助下開進並殘酷地鎮壓了這個左派政府。軍隊和半軍事組織武力聯手進行的這次鎮壓，代表軍隊決定向巴伐利亞邦右派靠攏。一九二○年，柏林發生了

一次右翼政變，被稱為「卡普政變」（Kapp Putsch）。三月時，艾爾哈特旅為了抗議政府接受凡爾賽條約中要求解散該旅的條款，行軍進入柏林，並任命一名右翼記者沃夫崗·卡普（Wolfgang Kapp）擔任總理，不過在五天之後，一場由首都工人發動的大罷工結束了這次政變。雖然這次政變的失敗標誌著右翼力量對威瑪共和的威脅結束了，但卻揭露出軍方在保衛共和時是多麼地不可靠，因為他們袖手旁觀。大部份德國百姓的心中已經被播下政治仇恨的種子，而之後會加入納粹的就是這些人。不滿的退伍軍人仍專心致力於摧毀他們憎恨的威瑪民主，還有「布爾什維克共和主義」（Bolshevik republicanism）。

在戰爭結束四年後，德國成為一個分歧且令人不滿的國家，凡爾賽條約各條款做出之不合理要求使得事態雪上加霜。賠償金的總額是六十六億英鎊，德國東部有大片領土被迫割讓給波蘭，威瑪共和遵守條約的政策在德國並不受到歡迎。

德國境內的法國佔領軍更是加深了德國人對於戰爭結果的憤怒。一九二三年，德國拖欠賠償金，法國為了懲罰德國，便派軍佔領了萊茵蘭的魯爾（Ruhr）工業區。這次佔領被德國人認為是羞辱，而被派去佔領魯爾區的法軍部隊言行更使得德國人沒齒難忘，如同日後領導希特勒青年團（Hitler jugend）女性分支組織（即德意志女青年聯盟，可參考第四章）的尤塔·呂迪格（Jutta Rüdiger）回憶的：「我們就是在那個時候發現法國人的鐵腕統治，也許他們單純只是想要復仇，但我一點兒也不知道復仇到底是什麼。」考慮到一旦納粹上台後的所做所為，也許是被出乎意料之外的諷刺觸動，呂迪格做出結論：「但是法國人具備有點不同的性格，不是嗎？也許是有那麼一點虐待狂吧！」

在魯爾區，法軍佔領的屈辱產生了一種焦慮感，而這種焦慮感可以滿足類似納粹這類激進團體的需求。五歲的貝恩得·林（Bernd Linn）曾經目睹法軍進入他居住的城鎮，當時他身上穿著兒童尺寸的軍服，手上拿了一把玩具槍「武裝」自己，站在路邊看著法軍士兵行進。貝恩得·林後來回憶道：「不久之後有個法國人走到我身旁，解除我的武器，很顯然他的孩子也想要一把玩具槍，這讓我非常傷心。」也許就是因為這樣，林長大之後，很不巧地就成為一位黨衛軍上校（Standartenführer）。

法國佔領魯爾區使德國人聯合起來對抗共同的敵人。德國政府呼籲進行消極抵抗運動，而消極抵抗的範圍就迅速從魯爾區擴展到萊茵蘭區域內其他的法國和比利時佔領區。不久之後，當法國部隊試圖強迫德國人繼續支付賠償金時，這樣的消極抵抗就成為不宣而戰的狀態，一方面德國人發動罷工、破壞和異議，另一方面法國人則進行逮捕、驅逐出境和經濟封鎖。

之後法軍將非洲殖民地部隊駐

絮在德國，更加惡化了戰敗和被佔領的屈辱，此舉被認為是對德國人的蔑視，因為他們把這些部隊視為「次等人種」。這些殖民地部隊執行佔領任務的結果，就是發生一連串殖民地部隊官兵和當地婦女私通的事件，而當納粹上台之後，德國婦女私通法軍所生下的混血兒就理所當然地成為納粹種族仇恨政策的目標；甚至在威瑪共和時代，這些所謂的萊茵蘭雜種（Rheinlandbastarde，大約有五百人左右）也遭到歧視。納粹掌權後，這些兒童就奉命前往當地衛生機關登記，一旦登記手續完成，他們就被強制絕育。

經濟崩潰

當魯爾區被佔領，德國的經濟就崩潰了，最明顯不過的徵兆就是高度通貨膨脹，德國馬克變得一文不值。艾密爾·克萊（Emil Klein）回憶起：「我曾花了四十億買臘腸。」他在一九二〇年首次參加納粹集會，正是因為面臨經濟崩潰才使得一般老百姓加入像納粹這樣的極端政黨，克萊又說：「而且這樣的崩潰自然而然地扶持了希特勒領導的運動，並使其成長茁壯，因為人們說：『情況不能再這樣下去了！』然後，需要一個強人的念頭就這樣緩緩地浮現，並且因

↓1919 年 5 月，一場抗議凡爾賽條約的示威經過阿德隆（Adlon）飯店，負責強制執行條約的盟國委員會就在該飯店內。

私人軍團——志願軍

1. 第一次世界大戰後，志願軍在慕尼黑的一處射擊場進行操練。

2. 在 1920 年「卡普政變」期間，艾爾哈特旅的志願軍部隊準備行動，該旅的士兵從他們在波羅的海地區戰鬥時起便開始配戴古老的帶鉤十字符號。

3. 「卡普政變」期間的志願軍部隊。志願軍是納粹衝鋒隊的前身。

4. 在柏林，艾爾哈特旅的部隊搭乘卡車，準備以實際行動支援沃夫崗‧卡普。卡車車身上漆有反向的卍字。

5. 1930 年代，曾於第一次世界大戰中在德國殖民地作戰的志願軍老兵出席紀念活動。

6. 志願軍部隊正下車準備行動。這些強悍的一次大戰老兵，增強了納粹在 1920 年代街頭戰鬥中的實力。

→→柏林街道上的猶太人集會。德國在戰間期遭遇的經濟問題使得納粹藉以激起反猶主義，做為其種族政策的一部份，並尋找罪羔羊。

↓希特勒在納粹於提富爾特（Tiefurt）皇宮公園舉行的集會中發表演說。納粹有了這些早期的集會經驗，上台後就能順利舉辦經過仔細籌劃之大型集會。

為民主政治一事無成，需要強人的想法就愈來愈盛行。」隨著通貨膨脹一發不可收拾，馬克變得一文不值，因為鈔票的張數實在是太多了，員工們被迫用洗衣籃來盛裝他們的薪水。在某個案例中，有個小偷把洗衣籃裡的錢全倒出來，然後把洗衣籃偷走，因為洗衣籃本身至少還有拿來換東西的價值。德國馬克也迅速地貶值，原本在一九一八年對美元的匯率是四比一，到了一九二二年夏季時，一美元可兌換四百馬克，到了一九二三年年初已可兌換超過七千馬克；在一九二三至二四年的高通貨膨脹期間，威瑪共和政府被迫印製難以置信的兩千萬

和一百億馬克面額鈔票。

貨幣崩潰不只導致交易中止、商業破產、食物短缺和失業潮，也全面地影響並觸動每一位德國人民，中產和勞動階層得來不易的血汗錢在一夕之間化為烏有；同一時間，週薪的購買力幾近於零，一般的德國人民就算一直工作到累垮為止，也不可能為他們的家庭帶來溫飽。然而對許多德國人來說，這是純理論的狀況，因為他們根本連工作都沒有。

一九二〇年代早期的通貨膨脹是對威瑪共和的另一次打擊。如脫韁野馬般的通貨膨脹不只摧毀了金錢和資產本身，也毀滅了對金錢和

↑1920 年代，納粹黨員發放麵包。納粹總是小心翼翼地以失業者的恩人姿態現身。

資產價值的信任。人們現在願意轉向極端，而希特勒對所謂腐敗、「受猶太人支配」的威瑪共和體系的攻擊，就這樣在大部份德國人民的悲慘和絕望中找到一批追隨者。

一九二〇年代時，在重要性日趨低落的德國中，類似納粹這類的政黨對許多人來說帶來了自豪和歸屬感。「這實在很刺激，」納粹衝鋒隊隊員沃夫崗‧托依貝爾特（Wolfgang Teubert）回憶起：「那裡有著同袍之誼，每個人都是為了另一個人而存在，對一個年輕人來說這是很重要的事，至少在那個時候是那樣。」而衝鋒隊隊員的身分也給了像托依貝爾特這樣的年輕人另一項重要性：「我們在卐字旗之下邁步前進，穿越都市鄉村，除了工作外，我們就把自己奉獻給衝鋒隊。」在與反對派作

戰時，雖然驚險刺激，但也存在著不少危險，托依貝爾特再次說到：「其他人會帶來危險和威脅。夜復一夜，我們不但要愈來愈常保護我們城鎮的集會，還要維護許多其他城鎮集會的安全，以強化當地衝鋒隊的力量。我們手無寸鐵，唯一能做的就是用拳頭來保衛自己，只有在必要的時候才會用出拳痛毆敵人一頓，不過多半的時候都有必要！」對托依貝爾特和他的衝鋒隊同袍來說，共產黨就是典型的反對派：「在大廳中把椅子砸個稀爛，然後就隨手抓條椅腿開始痛打對方，這樣的狀況屢見不鮮……雙方都會這麼做，誰也不比對方遜色。」

對許多人來說，一九一八年的戰敗記憶和德國隨後而來的屈辱促使他們加入了納粹。布魯諾‧黑內

爾（Bruno Hähnel）透過一個主張重返自然的「民間」團體候鳥協會（Wandervogel）加入納粹。一九二七年，黑內爾在一場於青年旅館中舉辦的討論會之後決定加入納粹：「有一場討論會的主題是國際主義，會中提到要和黑人女性結婚才是重點，我對這種思想感到渾身不舒服。」此外就像許多德國人一樣，黑內爾對於凡爾賽條約的解決方案和在一九一八年舉手投降的「十一月罪犯」十分憤怒，也極為厭惡像共產主義一樣的國際運動：「我們當中有許多人直截了當地說：『認清楚我們是德國人』，而現在有個團體說『德國優先』，他們大吼著『醒醒吧，德意志！』」

反猶主義

在像黑內爾這樣的人決定入黨的過程中，納粹反猶主義所扮演的角色並不重要：「我依然記得那些經常被搬出來的說法，即柏林的醫生有百分之五十是猶太人，柏林的律師也有百分之五十是猶太人，柏林和德國所有的媒體都被猶太人掌控，一定要把他們除掉。」然而儘管黑內爾默默地支持反猶主義，調和這種思想在他的現實生活中卻沒有太大困難，他說：「我親戚當中就有猶太人，而且我常在家庭聚會中跟他們見面；我有兩名堂兄是猶太人，我和他們倆的關係非常親密，不過這並不能阻止我認同黨所要求的其他事項。」

至少在剛開始的時候，有許多年輕人抵制納粹。對阿洛伊斯‧菲勒（Alois Pfaller）來說，納粹對反猶主義的迷思促使他遠離這個黨：「這是一種極端的反猶主義，要猶太人為每一件事負責的想法實在是非常奇怪。我認識猶太人，有猶太人朋友，花了許多時間和他們在一起，完全不了解有什麼不一樣的地方，畢竟我們都是人……我總是站在正義這一邊，也就是公平和合理的事情，也會對抗不公不義，這都是我所關注的，而不是出於某種原因就迫害其他種族或其他人。」菲勒摒棄納粹，為了解決德國的隱憂，反而支持另一種激進方

↓德國共黨份子恩斯特‧泰爾曼（Ernst Thälmann），他是納粹的主要目標。國會大廈縱火案後，1933 年他被關進集中營，1944 年時被處決。

↑1933 年，約瑟夫・戈培爾博士在柏林投下神聖的一票。希特勒手下這位宣傳天才的組織能力在 1920 年代為納粹帶來大量選票。

案：德國共產黨（Kommunistische Partei Deutschlands, KPD）。

　　大約從一九二五年開始，一直到一九二九年華爾街經濟崩盤為止，德國的經濟有所好轉，這對納粹的命運造成戲劇性影響。這是大戰以來失業人數首次降低至一百萬人以下，對希特勒的納粹來說是效益不佳的年代，因為較低層的中產階級、也就是支持希特勒的主力群眾受惠於德國經濟復甦。經濟改善有一部份是美國貸款的結果，其效益十分顯著：在德國，藝術和知識生活興旺了起來，柏林成為歐洲娛樂首都，希特勒因而被邊緣化了。在一九二八年的大選中，三千一百萬選民裡只有八十一萬人把票投給

納粹，相當於總票數的百分之二・六，一點價值也沒有。德國不再需要納粹，在納粹急於發揚的這種弱肉強食、適者生存的達爾文世界當中，他們差不多要被滅絕了。但是不久之後，華爾街在一九二九年「崩潰」，美國人收回他們給德國的貸款，而經濟衰退就在世界各地如野火燎原般蔓延開來。

　　一九二〇年代中期威瑪共和的短暫繁榮，就因為德國經濟再一次崩潰而結束。失業率再度上升，納粹黨員布魯諾・黑內爾回憶：「在那段日子裡，失業的同胞每個星期五都會在職業介紹所前大排長龍，在櫃台可以拿到五馬克。這是一個陌生且不同以往的現象，有許多人

根本就沒有錢買食物。」加入德國共產黨的阿洛伊斯·菲勒還記得：「那是一個沒有希望的局面。人們在街上走來走去，口袋裡放著一根湯匙，因為他們可以從街頭慈善廚房用一馬克買到一餐。」

此外受苦的不只是勞動階層，像尤塔·呂迪格這樣的中產階層家庭也遭到打擊：「我的父親沒有失業，但被告知必須同意調低薪水。」呂迪格念大學的機會就此破滅，直到一個叔叔出錢贊助。在德國，呂迪格的經驗反映出中產階層家庭必須勒緊褲帶削減支出，才能勉強過日。在華爾街經濟崩潰後，德國的失業人數增加至超過五百萬

人，失業的人、還有那些雖然有工作但處於相當拮据狀況的人就因而尋求激進的解決方式。

就是在這股低迷且不確定的氣氛當中，納粹的命運改變了。在一九三〇年九月的大選中，他們的得票率增加至百分之十八·三；同一時間，德國共產黨的得票率也超過百分之十三。因為威瑪共和看起來即將失敗，因此德國人民轉身投入極端主義的懷抱。在職業介紹所裡，辦理失業登記的時間就成為敵對派別間鬥爭的機會，菲勒還記得每個人在救濟品發放辦公室碰面的狀況是如何：「不久之後爭論就會開始，接下來免不了拳腳相向。」

↓希特勒與德國總統保羅·馮·興登堡（Paul von Hindenburg）。德國的統治菁英希望控制希特勒，並利用他來粉碎革命力量。

一名年輕的婦女嘉布里勒・溫克樂（Gabriele Winckler）回憶起當她過馬路時感覺多麼不舒服：「像是你一個人在林子裡或這類地方的時候就會覺得不舒服，很多失業的人躺在溝渠裡玩撲克牌。」

在這樣的氣氛下，希特勒成功了。尤塔・呂迪格第一次聽到他的演說：「現場萬頭鑽動，你可以感覺到他致力於營造出激動人心的緊張氣氛。今天我也許只能用曾經受苦和正在受苦的貧困的人們來說明……在那樣的脈絡中，希特勒和他的陳述，使得他看起來就像是救世主，他說：『我可以帶領各位脫離悲慘的境地，但你們全都必須加入我們。』然後每一個人都明白他指的是什麼。」

希特勒掌權

一九二九年後的經濟大蕭條給了希特勒機會，而希特勒不是那種會讓機會平白溜過的人。就像大部份偉大的革命家一樣，希特勒於艱困的時代中崛起，再加上德國境內失業、饑餓和絕望大眾的支持，納粹在靈活的宣傳幫助下，透過分化左派，並藉由富裕德國工業家和保守派政治人物對他們的支持而開始攫取權力。一九三三年一月，希特勒這位從前貧困潦倒的奧地利人終於成為德國總理，而且是透過民主、遵循憲法的體制合法取得政權。舉例來說，在一九三〇年九月的大選中，納粹獲得六百三十七萬一千張選票，取得一百〇七席國會席次；在一九三二年時，納粹獲得一千三百七十三萬二千七百七十九張選票，取得二百三十席國會席次。雖然在十一月的另外一次選舉中，這個數目滑落到一百九十六席，但希特勒已有足夠的席次可讓他擔任總理。一九三三年一月三十日，希特勒在興登堡（Hindenburg）的見證下宣誓就職，不過他不打算維繫民主制度，還企圖摧毀威瑪共和留給後世的遺產，以自己一手創造的第三帝國取而代之。

至於納粹長久以來的對手，也就是德國共產黨，對希特勒在一九三三年成功的消息反應遲鈍。一名黨員還記得：「我本身所隸屬的共產黨派系對希特勒是否掌權根本毫不在意。非常好，因為他很快就會證明根本無能為力，接下來就輪到我們了……根據一些特殊的理由，他們不了解他一旦上台就要修改法律。」許多人鎮定地看著這場轉變發生。尤金・勒維內（Eugene Leviné）是一名猶太共產黨員，他因為他的政治傾向而非猶太人出身感到相當害怕，他還記得「有一些衝鋒隊隊員有猶太人女朋友，因此很多德國人都會想：『噢，好吧，這不會那麼糟，他們有猶太人女朋友，所以不可能憎恨我們所有人。』」勒維內也認為納粹的行動會有所克制：「在我就讀的其中一所學校裡，有位納粹黨員跟我說：『你應該成為我們一份子的。』我說：『看，我不行，我是猶太人。』然後他就會說：『我們不是針對你，像你這樣正派的傢伙在新

Banner text: Deutſchen in der Tſchecho-Slowakei ſind weder wehrlos, noch ſind ſie verlaſſen. Das möge man zur Kenntnis nehmen. Adolf Hitler

德國中絕對會平安無事。』」

對威瑪共和的定論

　　雖然威瑪共和達成了一些引人注目的成就，像是較為優越的公共衛生建設，以及提高對住宅政策的公共支出（在一九二〇年代末期建造了超過三十萬間住宅），但卻在德國國內擁有強大的敵人。共和的政治基礎受到德國菁英機構和團體的攻擊，舉例來說，大部份的法官對於被帶到他們面前的右翼份子都從輕量刑，比如希特勒；各大學是保守主義和菁英主義的衛城，而學校制度本身，甚至在威瑪共和的時期，均採用了充滿民族主義與反民主情緒、美化戰爭的教科書，教師本身也傾向主張服從權力。

　　軍方是對抗民主政治的強大衛城（Citadel）。例如威瑪防衛軍（Reichswehr）的政治司司長庫特‧馮‧施萊赫爾將軍（Kurt von Schleicher）就相當支持重建軍力，並十分友善地看待納粹；此外許多軍方領導人相信，大眾對於西方盟國的要求太過順從。

　　從一九一九年的第一次選舉開始，從來沒有哪個單一政黨能夠獲得明確的授權來支配制憲國民議會，因此要讓民主程序運作的唯一方法就是組成聯合內閣；不過到最後，威瑪共和被凡爾賽條約的恥辱玷污，並被巨大的社會和經濟問題妨礙，爭取到的支持者太少，豎立的敵人太多。

↑精心策劃的納粹群眾集會。每一場集會都要證明對希特勒和納粹主義的支持。

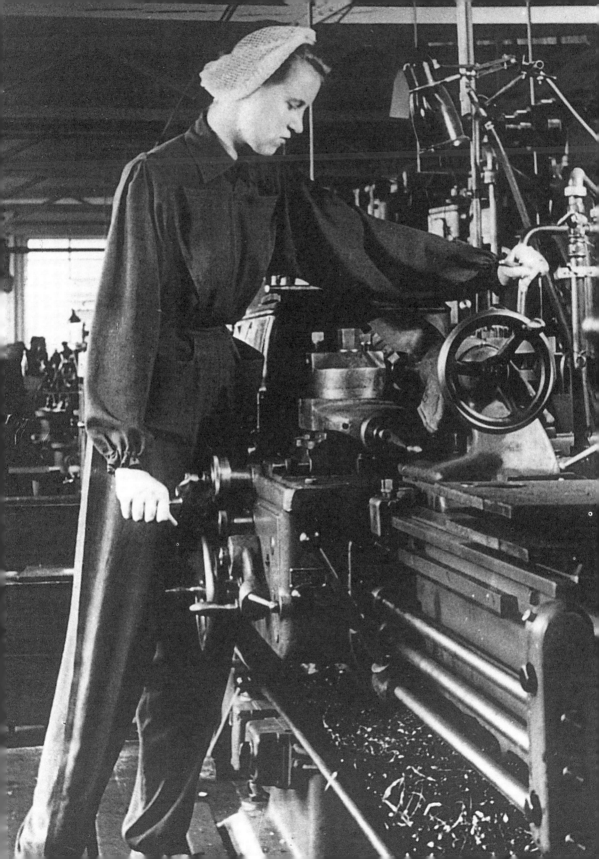

納粹經濟奇蹟

在納粹的統治下，德國經濟開始戲劇性地起飛。然而納粹經濟奇蹟的持久性值得懷疑，因為戰爭在西元一九三九年爆發，經濟就跟著轉向「整體戰」體制，因此我們並不清楚納粹是否能夠支撐德國的復甦直到一九四〇年代，而同樣不清楚的是誰領導一九三〇年代的經濟復甦。希特勒忽視了內政的許多領域，當中包括經濟，這可以經由被稱為「為元首工作」之納粹決策過程來解釋。大部份政黨均已小心翼翼地全盤思考揭櫫在其政黨宣言中的經濟政策，但納粹並非如此。希特勒想要讓德國擺脫失業困境，並對德軍部隊進行再武裝，但他卻不太清楚到底該怎麼做才能確切達成這些目標。因此為了達成目標，希特勒授權並放手讓屬下「為元首工作」，並達成他們所認為之希特勒的目標，一九三〇年代的德國經濟復甦就是在如此的體系下產生。

為政治目標量身訂做的經濟

一九三〇年代的納粹經濟是一種混合式經濟，這樣的經濟只是最低限度的社會主義，因為大公司和私人企業在政府多重管道的控制下不受干擾。德國的經濟在一九三三年之後還沒有完全自由化，國家控制著關鍵生產領域，到最後納粹產生了一種既不是社會主義、也非資本主義的經濟，從本質上來看，是這一種為戰爭做準備、但在承平時期運作的經濟體制。

希特勒從未透過提高的生產力和與他國和平貿易的可能性來認真考慮德國經濟的未來。希特勒的目標看起來是要藉由軍事手段來取得位在東歐的「生存空間」（Lebensraum），因此德國的經濟需要為此一目的量身訂做，即使事實上國家對每日生產的控制只維持在最低限度。希特勒將經濟視為達成政治目標的手段，而且不會過度關切經濟到底是什麼樣子。希特勒容許德國國內存有不同型式的經濟結構，只要他們能為他生產武器裝備來進行戰爭。抱持這種想法，納粹樂於鼓勵大公司，而在同一時間

←←需要高於意識形態。工作中的婦女：女性工廠作業員支持德國的戰爭努力。

↓1938 年 5 月，希特勒視察福斯汽車廠。

↑在第三帝國時期，工業的意象代表著力量和勢不可擋的進步，就像這張鑽孔的圖片一樣。

一九三三年之後，沙赫特採用通貨再膨脹的政策，為信用貸款提供資金；在進行通貨再膨脹的同時，他對失業人口實施強制性的公共勞動計劃。透過公共勞動計劃的撥款超過十億馬克，例如高速公路系統、允許私人公司進行建設和更新、對工業集團和農業進行租稅轉讓以擴大其規模等等。如同歷史學家泰勒（A. J. P. Taylor）主張的，這項政策在許多方面與羅斯福總統（F. D. Roosevelt）在美國對付經濟大蕭條時實施的「新政」（New Deal）相似。

這些政策在德國的效果既顯著又直接，街上不再充滿無所事事的人，失業率開始下降；失業人數從一九三二年一月六百萬人的高點一路往下降，直到一九三四年夏季的二百四十萬人。失業人口參與各式各樣的方案，但沒有哪一項如同建設高速公路一樣成為德國國力恢復的明顯象徵。雖然威瑪共和已經提出過建設高速公路系統的計劃，但希特勒很快地看出建築計劃的宣傳價值。在希特勒的軍備部長弗里茲・托特（Fritz Todt）的組織天才下，德國在一九三三年至一九三八年間總共建築了長達三千公里（一八六〇哩）的柏油鋪面高速公路。納粹配合慣用的宣傳技巧，有目的地利用建築計劃，官方圖片展示了數以千計的熱心勞工正在建設「元首的道路」。這產生一種附帶的效應，也就是暗示一個聯合社群中，階級和特權都要為更大的利益奉獻犧牲。德國人民的感覺是生活再次

消滅沒有效率的小企業，並讓某些工業消失。這些政策看起來似乎相互矛盾，但如果能使產量增加以打一場可能的戰爭的話，納粹當局樂意在意識形態上前後矛盾。

「再武裝」刺激需求

當希特勒在一九三三年上台時，最緊迫的經濟問題就是高失業率。納粹黨中站在社會主義這一邊的人因而推動國有化和強化國家控制，然而希特勒並不打算解散將會對他的戰爭經濟有所助益的大型工業企業集團，為了消除大公司的疑慮，希特勒將前國家銀行總裁、同時也是一位傑出經濟學家的哈亞馬爾・沙赫特（Hjalmar Schacht）納入執政團隊，負責主持經濟計劃。納粹經濟理論有所不足，因此希特勒轉向沙赫特，他為了抗議賠償金的償還和轉向納粹，在一九三〇年辭職。沙赫特大聲地說道：「我渴望一個偉大而強盛的德國，為了達成此一目的，我將與惡魔聯手。」

安穩了，如同某位「一般」德國人民大聲說出的：「我太太和所有的女兒終於可以在晚上穿過公園，而不用害怕被調戲了。」

對經歷過這一段經濟復甦時期的德國人來說，他們的記憶依然栩栩如生。艾爾馬・克蘭茨（Erma Kranz）當時還是個青少年，他記憶中納粹統治的年代是「一絲希望……不只是對失業的人，對每一個人來說都是，因為我們備受壓迫……我只能為自己說話……我認為那是一段美好的年代，我很喜歡。我們的生活雖不像今日這麼富裕，但那時充滿秩序與紀律。」這類公共勞動方案刺激了經濟，他們提供工作機會，更特別的是協助德國汽車工業恢復生氣。新建的高速公路不僅使人民重振鬥志，更使得勞動階層產生了機會平等意識，而政府

當局在一九三八年宣布開放人人都可以使用高速公路，更強化了這股日漸高昂的情緒。同時，一款新型汽車，也就是所謂的「國民車」（Volkswagen）離開了生產線，它是斐迪南・保時捷（Ferdinand Porsche）的心血結晶，總價為相當合理的九百九十帝國馬克，銷售目標瞄準大眾市場。它被訂在這個價格，如此一來一般的德國家庭都負擔得起（可參考第六章）。然而國民車的理想與現實卻大大不同，雖然當局計劃在一九四○年生產十萬輛國民車，但到了那時負責生產國民車的工廠已經改為生產軍備了。

德國的企業一般說來樂於和新政權走在一起，因為納粹粉碎了勞工組織和左翼革命，並恢復了「秩序」，因此德國的大企業被指望協

←國家銀行總裁哈亞馬爾・沙赫特（前排右起第二位）出席一場納粹會議。他在第二次世界大戰後成為埃及納瑟上校（Nasser）的顧問。

助提供資金給納粹以做為回報；一九三三年二月，大企業的總裁們和納粹高階領導人召開會議後，他們就著手展開行動。希特勒以一段冗長的演講做為開場白：「私人企業在民主的時代不能繼續維持，只有在人們對於權威和性格有著健全合理的認識時才可以想見……我們在世間擁有的一切財產都是上帝的選民奮鬥的成果……我們絕對不能忘記，一切精神文化的利益一定多少要用點堅硬的拳頭才能散播。」希特勒向所有在座的企業家們承諾他將會「殲滅」馬克斯主義，並對德軍部隊進行再武裝，後者尤其對軍火工業的企業家們有吸引力，

像是克魯伯（Krupp）、聯合鋼鐵（United Steel）和法本公司（I. G. Farben）等，此一承諾對他們來說有如大筆的契約；希特勒也答應要終結民主政治，此一承諾得到企業家們熱情的回應，因為他們就像希特勒一樣不需要選舉、民主政治和裁減軍備。軍火大王克魯伯從座位上跳了出來，對希特勒「為我們勾勒出一幅如此清晰的願景」表達他的「感激之情」；希特勒的經濟學家沙赫特接著就發動募捐，「我募得三百萬馬克」，他在第二次世界大戰後的紐倫堡（Nuremberg）大審中這麼回憶道。

　　卡爾・馮・克勞塞維茨（Karl

↓1930 年代納粹建立德國的運輸網。圖為魯道夫・赫斯在相機鎂光燈前主持一條運河新延長段的啟用儀式。

←希特勒視察德國最新的汽車科技。納粹表達摧毀工會制度的意願，使其受到德國工業家支持。

von Clausewitz）說得非常貼切：「戰爭只不過是延續政策的另外一種手段。」對希特勒來說，克勞塞維茨的經典格言反過來說更恰當：「政策只不過是延續戰爭的另外一種手段。」隨著戰爭勢在必行，而戰爭也的確是積極達成外交政策目標和重建德國威望的手段時，希特勒需要再武裝。在剛開始時，大部份的再武裝只是希特勒的雄辯辭令，但軍備生產在一九三六年之後加快了腳步，並成為政府政策的核心；為了達成他再武裝並擴張的目標，他需要強而有力的經濟。

沙赫特的赤字開支本身不會解決失業問題，但與大規模再武裝政策並行，朝向充分就業穩健進展的目標就達成了。就在召開會議的三天之後，希特勒向德國軍事首長們承諾他將會提高武裝部隊數目，並撕毀凡爾賽條約的限制性條款。希特勒的目標看起來是要征服東歐，「東進」（Drang nach Osten）並深入蘇聯。做為軍事擴張的一環，希特勒希望德國具備自給自足的經濟體系，也就是可以自我滿足在原物料方面的需求。這一點相當困難，因為德國缺乏至關重要的物資儲備，像是橡膠、銅、基本金屬和石油等等；為了克服這個問題，希特勒命令威廉·凱普勒（Wilhelm Keppler）擔任他的經濟事務特別顧問，深入研究發展替代合成物品以取代德國缺乏之原物料的可能性。凱普勒的組織立即開始發展人造橡膠、石油、油脂和金屬的研究。最後這些研究獲得了部份成功，例如由褐煤當中製造出人造石油，這是褐煤汽油公司（Braunkohle Benzin A. G.）的技術成就，在戰爭期間對德國的戰爭機器來說不可或缺。這股追求自給

自足的慾望在數個領域協助刺激了德國的工業和研究。

赫曼‧戈林

　　一九三六年，希特勒為經濟戰略和再武裝準備了一份祕密備忘錄，這份備忘錄的結論是：德國必須在四年內做好準備以進行戰爭。由於希特勒對沙赫特的小心謹慎感到困擾，他便指派赫曼‧戈林（Hermann Göring）擔任新的四年計劃主管，並賦予他極大權力，可使德國經濟服膺於準備戰爭的需求。在戈林的領導下，德國的工業被慫恿擴張至像是合成物品生產之類的領域，這對任何戰爭來說都至關重要。此計劃在赫曼‧戈林工廠（Hermann Göring Werke）建立的時候達到高峰，也就是設立工廠開採德國中部的貧鐵礦（當中百分之七十五為政府所有，然而私營部門被迫認購剩餘的股份）。

　　戈林的政策受到一般德國民眾歡迎，卻幾乎使國家破產。儘管他對經濟不太瞭解，但還是全心全力投身於這個任務當中，因為他明白這個機會能夠使他成為德國經濟的獨裁者；他一方面削減進口，另方面也制定了薪資和物價控制的規則。一九三三年至一九三九年的公共支出達到一千〇一十五億馬克，當中有百分之六十用於再武裝，但在同一段時期內，政府歲入只有六百二十億馬克。

　　結果沙赫特想出一套系統來掩飾剩餘的赤字。這是被稱為冶研兌換（Mefo-wechsel）的國家信貸業務系統，依照一間被稱為冶金研究有限公司（Metallurgische Forschungs GmbH）的假機構來命名。「冶研兌換」是一種機密的赤字財政政策，允許納粹以賒帳方式來償付再武裝所需花費。希特勒對這套系統的技術層面沒有太多瞭解，但對結果相當滿意，德國陸軍也因為他們獲得許可擴充並取得凡爾賽條約禁止的新式裝備而同樣感到滿意。四個主要的國防承包商花費十億馬克採用這套制度，此舉使得政府承包商可以收到由國家銀行貼現的冶研兌換付款。

　　一九三六年後，沙赫特與戈林在經濟政策方面意見不合。沙赫特雖然支持再武裝計劃，卻感覺德國的經濟無法同時支持「大砲」和「奶油」政策，並認為強制實施永久的戰時經濟將會削弱德國國力；對沙赫特來說，德國的資源並不是無限的，不可能同時供應再武裝和提高一般德國人民生活水準所需。另一方面，戈林則覺得可以實現自給自足的經濟，容許自給自足的德國創造出再武裝與富裕的經濟。一九三七年十一月，沙赫特辭去經濟部長的職務（不過他仍保留政務委員職位），繼任者為華爾特‧芬克（Walther Funk）。芬克這個人沒有任何主見，他把經濟部和戈林的辦公室緊緊地綁在一起，而沙赫特的約束力就逐漸消失。此外芬克也樂於自肥，他在戰後被指控涉入掠奪被佔領區域財富的罪行，並收刮數百萬被屠殺猶太人的黃金、珠寶和金錢中飽私囊。他是紐倫堡大審

中被審判的二十二名主要戰犯其中一員，某個訊問者形容他是一名「肥胖的同性戀，為糖尿病所苦，在此時此刻還受到膀胱疼痛的折磨」。他被判處無期徒刑，但在二十年之後因為健康不佳的因素獲得釋放。

　　一九三〇年代經濟政策的結果，簡單來說大部份是成功的。到一九三六年時，對一名人在阿姆斯特丹（Amsterdam）的中立觀察家來說，簡直可以出版一本名為《德國經濟奇蹟》的書。到了一九三九年，希特勒已進行大規模的再武裝，並擁有被公認為全歐洲最佳的武裝部隊，同一時間他還保持高消費者滿意度、低失業率、低通膨和薪資穩定，而不論這個繁榮是否可以延續下去仍有爭議。梅森（T. W. Mason）主張一九三九年時德國已在經濟崩潰邊緣，因為戰爭爆發而僥倖逃過一劫。

　　這些經濟上的改變如何影響德國民眾？納粹的再武裝政策對德國的大企業來說是很大的幫助，但對德國中產階級來說就沒那麼大了。大企業不只得到有利可圖的合約，而且不會受到任何工會運動的阻撓，因為納粹已經粉碎了有組織的勞工團體。另一方面，伴隨著給德國企業的利益而來的，就是政府愈來愈頻繁地侵入商業事務領域，納粹中央當局現在會告訴企業應該要生產什麼、要生產多少數量，利潤、薪資水準和未來擴廠方案都由中央指定。當經濟繁榮時，儘管大企業可以容忍這類的侵犯，但對小

公司來說利益就沒有那麼明顯。那些供應國防合約承包商的小公司獲得了利益，但不為軍火工業生產的小公司就沒有從納粹在一九三〇年代的經濟政策中獲得那麼多。

　　然而許多企業都從沒收猶太人企業和家產的「亞利安化」（Aryanization）計劃中攫取好處，技巧熟練的工人們也從生產軍備的繁榮中賺了不少錢。他們的技巧不可或缺，而納粹也會保護獨立工人的地位。德國的技工也迅速形

↓納粹的經濟部長華爾特·芬克，他接替沙赫特成為國家銀行總裁。

戈林——
納粹的花花公子

1. 戈林年輕時的照片。他當時身材較瘦,且是一名戰爭英雄,配掛多枚在第一次世界大戰期間身為戰鬥機王牌飛行員時獲頒的勳章。

2. 1935 年身材發福的戈林與第二任妻子艾咪·宋娜曼(Emmy Sonnemann)結婚,這場婚禮是第三帝國時代轟動社交圈的大事之一,因為其融合了基督教和納粹的儀式。

3. 戈林在 1935 年 1 月時拍攝的照片,地點在他位於柏林的皇宮外。戈林極為喜愛藝術,並擁有龐大的收藏,當中有些是最名貴的作品,而這些作品當中有許多是在納粹佔領期間從歐洲其他國家偷來。

4. 在狩獵季節展開時，戈林向儀仗隊揮手答禮。他獲得帝國狩獵大師的頭銜，而他也相當樂於接受。

5. 戈林在晚餐後發表演說。戈林是個美食家，他的身材在往後幾年中不斷發福。1920 年代他因接受嗎啡治療而染上毒癮。

6. 1937 年 11 月是姑息主義的年代。坐在穿著體面的戈林身旁的是英國外相哈里法克斯爵士（Lord Halifax）。

7. 戈林在一場晚餐派對中發送他的頂頭上司希特勒的畫像（許多德國女性認為他很有吸引力）。

8. 1934 年，戈林在漢諾威附近一座森林裡享受他的其中一項嗜好，也就是打獵。他就像流星一般，在武裝部隊、政治和經濟等領域中迅速崛起，掌握權力：1935 年就任空軍總司令、1936 年成為四年計劃的全權委員、1937 年擔任經濟部長、1938 年晉升元帥、1939 年出任國防會議主席，並被指名為希特勒的繼承人，最後希特勒在 1940 年將他晉升為史無前例的帝國大元帥（Reichsmarschall）。

↑軍備與彈藥部長弗里茲‧托特博士。在 1942 年墜機身亡，其職務由艾伯特‧史貝爾接替，之後他著有《第三帝國內幕》（*Inside the Third Reich*）一書。

成由納粹保證的職業階層，由代表各種技工的同業工會團體構成。一九三三年十一月，納粹通過一項職業工會法案，內容指出技工們只有在雇主隸屬於適當的協會、擁有資格證明且在政治上可靠的情況下才可作業；為了交換受到保護的就業環境，經驗豐富的勞工都被緊緊地拉進納粹國家機器中。新的協會結構在某個標準上類似中世紀的行會系統；不過當納粹公務員在所有層面上監督這個系統時，納粹使這些同業工會屈從於嚴密的政治控制之下。

德意志勞動陣線

　　在納粹主義支配下，德國產業的工人們生活得相當節儉。工人們失去罷工的權力和組織工會的能力，但失業率下降了，而許多德國人覺得考慮到就業率上升的結果，失去工會的保護是值得的。當時社會上對技術熟稔勞工的需求很大，特別是在軍備產業中。此外，工人們也從新的社會計劃當中獲得好處，像是「歡樂力量旅行團」（Kraft durch Freude, KdF，原意為「透過樂趣獲得力量」，可參考第六章）。這些計劃是由領導德意志勞動陣線（Deutsche Arbeitsfront, DAF）的羅貝爾特‧賴伊（Robert Ley）為首，他宣告：「工人們，你們的體制對我們國家社會主義者來說是不可侵犯、無懈可擊的。我本人是窮困農民家庭的兒子，早就知道箇中滋味。我向你們發誓，我們不但會保留你們所擁有的一切，還會擴大工人們的權利，因為工人將進入一個嶄新的國家社會主義國度，成為這個國度中平等且受到尊敬的成員。」賴伊是一個酒精中毒的自大狂，因此得到了「帝國酒鬼」的綽號，不過希特勒直到最後一刻都信任他，甚至在一九四五年四月時，授與他根本不存在的阿道夫‧希特勒志願軍（Freikorps Adolf Hitler）的指揮權。

　　賴伊的德意志勞動陣線是個規模龐大的勞動組織，於一九三三年五月由納粹建立，取代了工會的地位。如同賴伊時常掛在嘴邊的，德

↑德意志勞動陣線的國社黨領導人羅貝爾特·賴伊，他在 1945 年 10 月自殺。

意志勞動陣線的目標是終結階級鬥爭，所有的工人，不論是「白領」還是「藍領」，都屬於德意志勞動陣線一份子；為了代替罷工，新的體系呼籲工人們團結起來，同心協力為共同利益奮鬥。德意志勞動陣線擁有超過兩千萬名會員、大筆的預算和龐大的財產。在「歡樂力量旅行團」之類的休閒組織以外，德意志勞動陣線為工人們提供了安全網，負責分配財務協助、安排工人的教育課程和穩定薪資，對國家的工人提供全面性服務。在一九三八年，有十八萬德國人曾乘船旅遊，還有超過一千萬人參與「歡樂力量旅行團」的其他活動。一個典型的「歡樂力量旅行團」一週假期，包括旅遊支出、餐飲、住宿和導遊，前往摩澤爾河（Mosel）的旅遊行程花費為四十三馬克，前往上巴伐利亞的行程則為三十九馬克，德國工人若想前往義大利渡假兩週，只要花費一百五十五馬克便可成行，這些負擔得起的假期旅遊在宣傳納粹經濟政策方面貢獻卓著。為了使納粹的勞工政策更具吸引力，德意志勞動陣線內甚至組成了「勞工之美」部門，它是一個集計劃假期旅遊、節日慶典、工廠慶祝會、民俗舞蹈和政治教育於一身的福利單位，與「歡樂力量旅行團」緊密合作。德意志勞動陣線最後成為說服工人們認同納粹理想的嘗試。

工人的獨立

　　充分就業、福利條款和負擔得起的假期旅遊的代價，就是納粹奪走了工人的獨立性。工人們再也不能依靠工會，反而要尋求勞工管理人的協助來保護他們的利益。納粹導入了新的安排，當中雇主和雇員在相互可接受目標的基礎上為共同利益工作。這是一套封建式的系統，由信任協調會和榮譽勞工法庭來排解紛爭，但這些法庭是由易聽命於人的納粹份子主持，他們一般來說被認為較偏袒雇主。

　　納粹也對勞工選擇職業做出限制，而勞工的自由運動也被削減。所有的工人都需要一本《職工勞動手冊》（Arbeitsbuch）以確保就業，沒有這本記載著資格細節和就業歷史的工作手冊的話，德國工人就沒辦法保有賺錢的工作。納粹嚴密控制德國勞工，就像對德國社會其他領域發號施令的方式那樣，年齡介於十八至二十五歲的德國年輕人被迫要服長達六個月的勞動役，許多年輕的德國男性都十分畏懼服勞動役，特別是來自上層社會的人，因為在這六個月中，他們得和他們認為來自社會下層的德國年輕人相處（直到一九三九年為止，女性都可選擇志願參與勞動役）。

　　在一九三〇年代的納粹經濟繁榮下，農業又呈現何種面貌呢？當納粹在一九三三年上台時，德國的農業正處於危機狀態。納粹為了徹底扭轉此一情勢，確立了三項目

←←新建的高速公路在群山間蜿蜒曲折。德國興建高速公路有助於緩和 1930 年代初期的長期失業現象。

↓漢堡港內德國航運繁榮的景象。雖然德國的國際貿易量在 1930 年代時不斷提高，納粹的經濟政策卻著重於自給自足。

標：首先是透過保護主義政策，在農業方面達到自給自足；第二則是透過創造新的農民秩序來復興農業；最後就是設立一個新組織來代表農民的需要。農業市場和價格由政府控制，土地所有權則由一部國家限定繼承農業法來管理，其目的在於保護農民的負債，不致於因為破產而失去他們的田地；此外納粹也以有利於單一繼承人的方式來管制繼承，並禁止出售繼承而來的田地；政府也經由土地規劃方案來獎勵新的農場。

納粹為農業制定的計劃由理察‧華爾特‧達瑞（Richard Walter Darré）指導。一九三三年四月，希特勒任命達瑞擔任帝國農民領袖（Reichsbauernführer）與帝國糧食部長（Reichsernährungsminister），他在一九三三年建立帝國糧食園區（Reich Food Estate）。雖然達瑞身為一名阿爾塔曼（Artaman）——一群年輕德國人成立的組織，他們相信回歸土地的運動以及創造「種族純淨」的條頓（Teutonic）農民階級——的早期成員，可是大權在握的地位腐蝕了他；達瑞使出渾身解數，貪圖鉅額不法利益，終於在一九四二年時因涉入一件大規模黑市食品買賣案而被免職。

在達瑞以下，國家、行政區及地方層級中充斥著各級農民領導人。達瑞推行的政策的結果並不完全令人感到滿意，保護主義和自給

↓1930 年代末期，德國農民在田中收割農作物。戰爭在 1939 年爆發後，軍方對人力的需求使得耕作活動由婦女和奴工接手。

自足政策成果不理想，德國農業生產在許多領域出現了短缺狀況。有些較小的農場主人從新政策當中獲益，但擁有土地的大型莊園不會在小農場主人間進行再分配，這意味著對新農民來說，可取得的土地很少，因此勞動人口從鄉間流向都市的狀況在整個一九三〇年代持續存在。到了一九三九年，德國農業流失至都市中工業的人數已達一百四十萬人左右，這種狀況造成了農業方面的勞力短缺，只能藉由在夏季月份強迫德國年輕人下鄉工作來滿足需求。納粹統治下的德國農業並不是一則偉大的成功故事。

一九三〇年代的納粹經濟復甦降低了失業率，並帶來就業及薪資穩定，恢復了聲望，而「歡樂力量旅行團」福利政策使得新政權對德國工人們來說具有魅力，許多德國人因而認為一九三〇年代是黃金年代。然而希特勒為了滿足他的政策目標，讓德國經濟為未來的衝突做準備，這些利益因此相當短命。這場衝突於一九三九年展開時，將造成德國崩潰，並摧毀德國經濟；依此後見之明來看，一九三〇年代德國工業的短暫收穫，與一九四〇年代吞沒德國的戰爭相比，是不成比例的。

↓納粹農業與糧食領袖理察・華爾特・達瑞（左）。他不但身為黨衛軍種族與再安置事務處主管，同時也是一位種族主義、馬克斯主義和農業等領域的作家，著作甚豐。

納粹與青年

打從一開始起，納粹就決心為了自己的目標顛覆德國年輕人的想法。他們竭盡全力吸收年輕人加入希特勒青年團和所謂的「人民共同體」（Volksgemeinschaft）。一般來說，青年族群通常容易得到非武裝政策帶來的好處，還有「元首國家」（Führerstaat）這種想法帶來的利益，「元首國家」承諾終結一九二〇年代的暴力，並恢復德國的「光榮盛世」。

一九三六年之後才長成十來歲青少年的年輕族群，對希特勒上台前的日子沒什麼記憶，他們透過學校教育進入國家社會主義的領域。對這一群青少年來說，看起來他們沒有任何選擇。另一群十多歲的少年在第二次世界大戰期間成為青年，他們經歷了對年輕人來說最極端且殘酷的國家社會主義型式，當中包括被徵召進入防衛單位，或對某些人來說則是與黨衛軍第 12 師「希特勒青年團」師一起行動。這個精銳的黨衛軍師團不顧一切地狂熱作戰，並且在一九四四年諾曼第（Normandy）區域的戰鬥中幾乎全軍覆沒。

年輕人透過希特勒青年團來認識納粹主義，這是學校和家庭以外另一個替代性權威中心。希特勒青年團在一九三〇年代當中，隨著時間的過去愈來愈組織化，再加上官僚政治，其成員也就不斷增加。然而對許多學童來說，生活在納粹主義之下面臨許多矛盾，以下摘錄的文字顯示出孩童們對於新體系有多麼懵懂無知：「我們班上沒有人讀過《我的奮鬥》，我自己只是從書中找出問題。就整體而言我們並不知道納粹意識形態，甚至學校裡出現反猶主義的機會也

← ←希特勒青年團集會。納粹想要將兒童轉變為未來的軍人和納粹菁英。

↓納粹的典範：一名金髮藍眼的德國「亞利安」少女，綁了兩根辮子，配戴卐字徽章。

→在柯堡（Coburg）的一場慶祝儀式上，小女孩練習行納粹舉手禮。德國兒童從小開始就被教導要尊敬希特勒，並用「希特勒萬歲」這句話和其他人打招呼。

相當少。舉個例子，經由理察·華格納（Richard Wagner）的論文〈音樂中的猶太人〉（The Jews in Music），以及在校外展示的〈衝鋒隊隊員〉（Der Stürmer）的複製品，都使得我們充滿疑問……不過我們受到政治性安排：要遵守命令、培養立正站好並說『遵命』的軍人『美德』，在『祖國』這個具有魔力的字彙被說出口，以及德國的榮耀和偉大被提及時要停止思考。」如同我們看到的，雖然有許多年輕人以適當方式加入像是希特勒青年團這樣的組織，也有許多其他年輕人反對納粹控制他們的生活。

到了一九三三年底，所有其他的青年組織不是被禁止、就是被納入希特勒青年團，唯一的例外是天主教團體，他們在納粹與梵諦岡（Vatican）之間的協議下得到些許的保護。被併入希特勒青年團的組織團體包括非政治性青年聯盟組織和新教青年團體，因此到了一九三四年年初，希特勒青年團囊括了全德國十至十四歲男孩的百分之四十七〔參與德意志少年隊（Deutsches Jungvolk）〕、以及十四至十八歲男孩的百分之三十八（參與希特勒青年團本身）；至於女孩們方面的數據雖然沒有這麼高，但依然令人留下深刻印象：十至十四歲的女孩當中有百分之十五的人加入少女隊（Jugendmädelbund），而十四至十八歲年齡層的少女有百分之八參加德意志女青年聯盟（Bund Deutscher Mädel, BdM）。

希特勒相信，第三帝國的生存要靠對年輕人的教育來維繫，他宣稱：「我所追求的就是強烈地積極主動、具備領導能力、作風嚴酷的年輕人。年輕人必須對痛苦毫不在乎……我不會進行任何智力方面的訓練。對我的年輕人來說，知識只不過是一種墮落而已。」依據這樣的想法，希特勒青年團的男女孩組織都被置於帝國青年領袖巴度爾·馮·施拉赫（Baldur von Schirach）的中央統一指揮下（他在戰爭期間是維也納的納粹黨部主管，且由於他在維也納針對外國工人的行政管理和對待猶太人的方式，在紐倫堡大審中被判處二十年徒刑）。一九三五年九月的紐倫堡集會中，五萬四千名希特勒青年團團員在現場接受希特勒檢閱，希特勒在致詞的時候表示，要求下一代年輕人「如灰狗般迅捷、如皮革般強韌、如克魯伯的鋼鐵般堅硬。」

希特勒青年團的教育都經過嚴謹小心的管控。從同年三月十五日開始，德國男孩只要年滿十歲，就得在帝國青年總部註冊登記，身家背景做過徹底詳細的調查以確認種族純度後，才會獲准加入少年隊。准許新隊員加入的慶祝典禮在四月二十日，也就是希特勒的生日當天舉行。在少年隊中的男孩子，也就是所謂的隊員（Pimpf），均要接受入隊考試，當中包括背誦納粹信條、〈霍斯特·威塞（Horst Wessel）之歌〉（這首納粹歌曲是紀念一位在街頭與共黨份子戰鬥時被殺害的衝鋒隊隊員）的所有歌

詞、在十二秒內跑完六十公尺（一八〇呎），還要完成一天半的越野遠足。少年隊隊員要學習旗語、鋪設電話線以及參與使用輕兵器的訓練。如果通過考試，男孩在十四歲時就會加入希特勒青年團；到了十八歲時，希特勒青年團團員就會加入納粹，在十九歲加入武裝部隊前還必須先服帝國勞動役，因此希特勒青年團提供為納粹主義和和兵役灌輸、教導並塑造年輕男孩的管道。

為了提高希特勒青年團招募新

↓帝國青年領袖巴度爾·馮·施拉赫。他在1920 年代寫詩討好希特勒；1933 年，他以 26 歲之齡被安排擔任德國青年的領導人。

人的數量，納粹當局於一九三六年十二月一日通過希特勒青年團法，目標為吸收所有德國年輕人加入希特勒青年團，而此一目標又得到納粹以外的青年組織「志願」加入而逐漸成長之「壓力」的支持。一九三九年，兩紙行政命令補充了一九三六年的法規，使「青年服務」成為義務，在第二次世界大戰期間，希特勒青年團就為前線部隊募集毛毯和衣物。納粹獨佔了孩子們所有的空閒時間，父母們不敢反對，免得被認為是麻煩製造者；年輕人愈來愈常與他們的同儕生活在一起，最終就放棄並遠離了家庭。

屬於女青年的德意志女青年聯盟是採取和希特勒青年團相似的方式編組而成，同樣被置於帝國青年領袖的全面掌控之下，吸收年滿十歲的女孩加入少女隊。女孩團體依照軍事組織方式編成，組織中最小的單位是少女小隊（Mädelschaft），二到四個少女小隊組成一個少女分隊（Mädelschar）；二到四個少女分隊構成一個大隊（Gruppe），而每五個群就組成一個團（Ring），五到六個團就組成小區隊（Untergau），總共有六百八十四個，最後就是大區隊（Obergau）。德意志女青年聯盟裡所有女孩無時無刻不被提醒，整

↓ 1938 年在一個青年活動場合上，希特勒舉起手臂答禮，注意背景中的少女。納粹觀點認為女性的角色是在家中養育兒童。

↑1932 年，也就是希特勒成為德國領導人的前一年，一群參加在波茨坦（Potsdam）舉行的納粹集會之德意志女青年聯盟成員，她們個個興奮不已。

個培養她們的任務，就是要使她們準備好成為「國家社會主義世界觀的媒介」。身為德意志女青年聯盟成員的少女們，將獻身於同窗之誼、服務與體能訓練中，以成為優良的德國母親。如同希特勒在《我的奮鬥》中概述的：「女性教育的目標毫無疑問就是為了要培育未來之母。」在軍隊式的檢閱中，她們穿著由海軍藍的裙子、白上衣、棕色夾克組成的制服，並且要把頭髮綁成兩條辮子。當她們年滿十七歲時，德意志女青年聯盟成員就有資格加入「信念與美麗」（Glaube und Schönheit）協會，她們將在那裡接受家政訓練，並準備結婚。信念與美麗協會的任務是培養十七至二十一歲的年輕女性精神上及身體

上的優雅風範，她們成為納粹女性概念的最佳證明。到了一九三六年，總計有超過二百萬名少女加入德意志女青年聯盟。

在德國的鄉間和小城鎮裡，希特勒青年團首度給年輕人休閒活動和旅行的權利。假日旅遊拓展了通常從未旅行過的鄉下兒童視野，給了他們機會與來自德國其他區域的年輕人接觸。當納粹一九三三年開始對德國的控制愈來愈多時，這些青年運動的休閒成份也逐漸消失了，希特勒青年團成為另一個規模龐大的官僚體系。第一批高層青年領導人的老化和清除與威瑪共和有染的人物，使青年運動對年輕人的吸引力降低，因此希特勒青年團成為更加紀律化且政治化的青年運

動。把所有年輕人拉進希特勒青年團的運動，也將之前藉由不加入以反對整套構想的年輕人吸收進組織。這些新吸收的成員導致當局加強監視，青年每日的樂趣，像是與朋友會面等也愈來愈困難，甚至在某些狀況下還是犯罪行為。希特勒青年團的巡邏隊負責監控所有年輕人的活動，其成員比起他們所監視的年輕人大不了多少。隨著戰爭的腳步逼近，希特勒青年團也將重點更加集中在訓練、而不是原本吸引年輕人的休閒活動和運動上。

可怕且殘酷的黨衛軍第12師

希特勒青年團灌輸的尚武美德極致表現，就是在黨衛軍第 12 師「希特勒青年團」師服役。這個師在剛開始時是裝甲擲彈兵師，並且及時改制成全裝甲師，趕上一九四四年六月諾曼第的戰鬥。黨衛軍第 12 師是一個獨特的單位，由希特勒青年團團員組成，再經過黨衛軍第一師「親衛隊」（Leibstandarte）師（原本是希特勒的衛隊）身經百戰的士官和軍官幹部訓練，賦予了該師意識形態上的熱誠和絕佳的千錘百鍊，使他們成為戰鬥中可怕且殘酷的對手。

親衛隊師的士官和軍官實施的訓練十分逼真，讓希特勒青年團師準備好面對戰爭的考驗。他們使用的方法跳脫一般傳統，因而使他們具備在諾曼第壓倒對手的優勢。來自親衛隊師的訓練教官都是東線戰場上的老兵，他們避免一般的操練和檢閱，偏好實際的戰場訓練：每一堂課和演習都有特定目的，受訓學員似乎真的就在戰場上接受考驗。這是對所有黨衛軍士兵的標準訓練，但對希特勒青年團師卻是發揮到最極端的限度，所以當這些年輕的裝甲擲彈兵在一九四四年踏上戰場時，他們已經習慣了戰鬥中的噪音和緊張，因為在訓練場上早已經歷過被實彈射擊的考驗了；的確，為了使士兵們能有效作戰，一定比例的訓練中死亡被認為是「正常」且必要的。戰史學家馬克斯・哈斯廷斯（Max Hastings）回憶希特勒青年團師一位通訊官是如何地感覺到他們在希特勒青年團中接受了適當的訓練，他們「有紀律感和秩序感……而且知道怎麼唱！」該師男性或男孩的青春朝氣十分惹人注目，特別是在其他人通常會得到香菸配給的場合中，他們卻得到巧克力糖。這些受到意識形態驅使、意志堅決、訓練精良的裝甲擲彈兵就駕駛著他們的戰車，在一九四四年 D 日（D-Day）後的日子裡，於岡城（Caen）周圍的鄉間地帶力抗來勢洶洶的英軍和加拿大軍。

在希特勒青年團崛起期間，傳統教育發生了什麼事？畢竟德國長久以來是提供優質、現代化教育的典範。在第三帝國的十二年國祚裡，德國兒童的學校教育變得不是那麼純理論了。希特勒相信不論是誰掌握了兒童，就可以掌握未來，因此他對教育有一套非常明確的想法（也許是受到他在學校失敗的影響，可參考第一章）：「我的教學會非常努力。他們的弱點會被剔除

……當中絕對不能有任何弱點，也不會心軟。我想要再一次在他們眼中看到自豪的光芒和肉食動物的獨立。我不會有任何智力方面的訓練，對我的年輕人來說，知識就是廢物，我只會讓他們學習激發想像力的東西，但他們有一件事情一定要學習，那就是自我控制。他們應該學習在最嚴酷的考驗之中克服對死亡的恐懼，這就是年輕人如英雄般的階段，經過了這一切之後，就會出現有創造力的人，就是神人！」

對納粹來說，教育是教化和體能發展。教育將教導孩子們種族的重要性，並使他們準備好參與戰爭。希特勒對教育的敵意透過納粹上層統治集團慢慢滲入，公共啟蒙與教育部長約瑟夫·戈培爾宣稱：「年輕人屬於我們，而我們不會把他們讓給其他人。」一旦上台掌權，納粹就著手展開從托兒所到大學的教育納粹化。在納粹統治下，德國兒童們在學校所讀到的第一本書是識字讀本，封面是一幅諷刺猶太人的漫畫，有著如下的敘述：「千萬別在原野中相信狐狸！千萬別相信猶太人發誓！」在讀本中，孩童們會看到關於尚武生活的圖畫，旁邊還有這樣的說明課文：

> 「想要成為士兵的人，
> 必定要有一樣武器，
> 然後裝填火藥，
> 再加上一顆好的彈頭。

↓希特勒與德國男孩會面。希特勒對於感化德國兒童、使他們成為優秀納粹黨員的重要性心知肚明。

如克魯伯的鋼鐵般堅硬
──希特勒青年團

1. 德軍士兵教導男孩操作機槍。希特勒青年團是個高度軍事化的組織，使德國青年準備好服兵役和作戰。

2. 另一張強調納粹青年戰爭本質的照片：他們在射擊場中練習槍法。

3. 一旦戰爭展開，納粹期待德國男孩能夠扮演好他們的角色。如圖，1943 年時在德國本土，男孩們已準備好協助進行民防工作。

4. 在教官（配掛鐵十字勳章者）的督導下，這些希特勒青年團團員在野外用餐。

5. 希特勒青年團團員會學到基本的軍事技能，例如地圖判讀，使他們做好服兵役的準備。

6. 戰時的希特勒青年團：1944 年時薰衛軍第 12 師「希特勒青年團」師投入作戰行動。

7. 與希特勒青年團有關的每一件事都強調尚武精神和體能。如圖，德國男孩正在練習行進。

小朋友們，如果你想要成為新兵的話，

一定要好好記得這首短歌喔！」

德國學校現在著重運動，並教授歷史、生物和德語。生物和歷史課程被扭曲成促進黨的種族和國家遠景，學生們學習一九二三年時的「啤酒館政變」、共產主義的邪惡與威瑪共和的墮落。甚至連數學都有了新的詮釋，數學測驗的內容牽涉到砲兵彈道和戰鬥機對轟炸機比例之算數及方程式。一個初級測驗的典型題目如下：「一架飛機為了轟炸二百一十公里（一三〇哩）外的某地，以每小時二百四十公里（一五〇哩）的速率飛行，若是轟炸的過程須費時七‧五分鐘，那麼這架飛機預計在多久之後會返航？」

希特勒學校

希特勒也試圖在希特勒青年團中進行教育工作，如此一來年輕人就可以接受完全的納粹式教育，不會受到任何自由主義教師的影響而腐敗。希特勒為了訓練未來的納粹菁英，也建立了「黨校」。首先就是所謂的希特勒學校，年輕的見習生們在那裡接受體能運動、種族主義和效忠希特勒之訓練；再來就是國家政治訓練研究院進行的教育，這種教育早期是在普魯士的軍事學院中實施，著重於軍人武德的

↓第二次世界大戰爆發前，希特勒青年團團員在希特勒位於巴伐利亞阿爾卑斯山區貝希特斯加登（Berchtesgaden）的別墅前玩耍。

培養。最後就是騎士團城堡（the Order Catle），致力於最高等級納粹菁英份子的訓練，混合了體能活動和灌輸納粹主義的教育。所有這些教育改革的目標，就是要教化一整個世代的德國年輕人，且要敗壞並摧毀儘管與生俱來保守、但卻以優良品質名聞世界的教育體系。

非主流反抗

許多年輕人面對納粹對生活愈來愈全面性的掌控，終於起而挺身反抗。到了一九三〇年代末期，許多人開始對希特勒青年團感到厭煩，並且在獨立團體中找到更脫離傳統的生活方式。當希特勒青年團的巡邏隊和蓋世太堡的壓力逐漸增強時，這些年輕人團體盡一切所能來保護他們的利益。到一九四二年，國家青年領導階層被迫承認：「派系的組成，例如希特勒青年團之外的年輕人團體，在戰前、特別是在戰爭期間即已增加，並且到達談到年輕人的政治、道德和犯罪問題時不得不提的程度。」同樣的例子是到一九四二年，納粹已不再有藉口年輕人因受到威瑪共和或共產黨的影響而墮落，因為這些年輕人已在不腐化墮落的國家社會主義中成長。

有兩個團體在反對希特勒青年團的過程中表現特別脫穎而出：「小白花海盜」（Edelweisspiraten）和「搖擺青年」（Swing-Jugend）。「小白花海盜」於一九三〇年代末期首次出現在德國西部，他們的「制服」是別上高山火絨草花圖案徽章的格子花紋襯衫，配上深色短褲與白襪；不久之後，許許多多的團體都自稱為「小白花海盜」，像是埃森（Essen）的「流浪男孩」（Roving Dudes），上豪森（Oberhausen）的「基特勒巴赫海盜」（Kittlebach Pirates）和科隆（Cologne）的「納法優」（Navajos）等等。在週末進行的鄉間旅行中，這些團體會與希特勒青年團的巡邏隊遭遇並戰鬥。由於這些所謂的「海盜」造成的驚慌，希特勒青年團與蓋世太保將他們汙名化為「無法無天的」青年聯盟組織。「小白花海盜」的成員年齡介於十四至十八歲之間，他們試圖讓絕大部份的生活脫離希特勒青年團。由於青年在十八歲時會被徵召服帝國勞動役，然後是武裝部隊，「小白花海盜」因此有吸收更年輕成員的跡象。隨著戰爭在一九三九年爆發，希特勒青年團軍事化的程度逐步升高，這些替代的團體就更具吸引力。希特勒青年團的教官又比他們訓練的男孩子大不了幾歲，所以希特勒青年團的成員資格就變得格外令人厭倦。

一九四一年時，一名負責訓練年輕人的成人注意到：「每一個小孩子都知道『基特勒巴赫海盜』是哪些人，他們無所不在；他們的人數比希特勒青年團團員還要多，而且他們每一個人都互相認識，關係十分緊密……他們可以把巡邏隊的人痛打一頓，因為他們的人數實在太多了。他們對任何事情都不認

同，也不找工作來做。」這些成群結隊的小伙子們有地域性，由數十名男孩和女孩組成，有女孩加入的事實從根本上將這些團體與奉行嚴格隔離規定的希特勒青年團及少女團體區別開來。就是在這些「海盜團體」中，許多德國青少年有了第一次性經驗，因為希特勒青年團對性壓抑有著近乎執著的強烈依戀。

對這些「海盜們」來說，週末的鄉間旅行是避免極權主義國家控制的一種方式。一旦遠離了建築物密佈的都市地區，這些年輕人就可以逃離國家社會主義政府當局無孔不入的告發、刺探與懲罰。還有一部份年輕人會從事橫跨整個德國的壯遊，這算得上是一種成就，特別

是德國正處於戰爭之中，人民都受到嚴密控制。這些鄉間旅行提供了高唱禁歌的機會，或是將現有納粹歌曲的歌詞加以改編，帶來一種顛覆的感受。

不過當戰爭持續進行時，由於敵對派系的衝突，導致對這些團體活動的鎮壓行動又白熱化了起來。一九四三年七月，納粹杜塞道夫－格拉芬堡黨部（Düsseldorf－Grafenburg）在給蓋世太保的報告中指出：「回覆：『小白花海盜』。這群年輕人又開始仗勢欺人了。有人告訴我，特別是自從上一次杜塞道夫遭空襲以來，（在當地一座公園）聚眾的年輕人變得比以往更加引人注意。這些人年齡介於

←←納粹少女在野外露營，她們會依照年齡區隔開來。如同男孩一樣，以少女為對象的納粹青年運動訂有階級制度，且高度軍事化。

↓在柏林舉行的一場集會中，受納粹主義薰陶的德意志女青年聯盟成員們行納粹舉手禮；其目標是使年輕人脫離原本的社會階級，這樣他們才能在納粹主義中出人頭地。

十二歲至十七歲之間，帶著樂器和少女閒蕩到深夜。由於這群烏合之眾在希特勒青年團之外佔了大多數，且對組織採取一種敵視的態度，他們對其他年輕人來說代表著危險。最近已經證實在這些年輕人當中發現武裝部隊的人員，這些有義務在國防軍（Wehrmacht）中服役的人表現出傲慢自大的行為，我們懷疑就是這群年輕人在阿爾騰堡街（Altenbergstrasse）的人行地下道牆上塗寫『與希特勒一同毀滅』、『國防軍最高統帥部（Oberkommando der Wehrmacht, OKW）在說謊』、『殺人勳章』、『與納粹的殘暴一起毀滅』等標語，而且只要把這些標語塗掉之後，常常過沒幾天就會被人重新寫在牆上。」

為了反制這些造反舉動，希特勒青年團和蓋世太保就開始發揮納粹國家的力量加以打壓。他們發佈個人警告令，逮捕年輕人並突襲可疑份子的住所，許多被逮捕的人全都被剃光頭髮公開羞辱。那些不願意打消反對念頭的人就會在週末被拘留、接受矯正教育、送去審判，甚至被送往青年集中營。數以千計的人被祕密警察拘捕。一九四二年十二月七日，杜塞道夫當地的蓋世太保一口氣破獲二十八個團體組織，成員共計有七百三十九個年輕人，其中包括「科隆小白花海盜」。「小白花海盜」的首領在一九四四年十一月時被公開絞刑處死，以防止其他年輕人群起效尤。

正當第三帝國對外戰爭崩潰的時候，對內鎮壓的政府機構卻增加了。黨衛軍首領海因里希·希姆萊（Heinrich Himmler）於一九四四

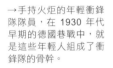

→手持火炬的年輕衝鋒隊隊員，在 1930 年代早期的德國巷戰中，就是這些年輕人組成了衝鋒隊的骨幹。

年十月頒布了一道「對抗青年幫派」的命令，是官方長期以來一系列為了擊敗青年抗議運動的嘗試的最後一招。整體說來，納粹當局對於要如何對待這些青年幫派感到困擾不已，他們需要這些德國年輕人上戰場打仗，但這些幫派團體因為缺乏任何組織性架構，因而使得壓制行動更加困難，所以國家的反制行動從要對方領情的態度，演變成極端的壓迫。

　　至於「海盜」本身，他們看起來只是形形色色的年輕人混雜成一群，反對納粹當局寄望他們的順從。他們大部份人都滿足於消極地反對納粹，但有些人卻採取更極端的行動，像是透過信箱投遞盟軍的宣傳單，甚至加入有組織的抵抗運動團體。一九四二年在杜塞道夫，「小白花海盜」與德國共產黨領導人威廉·克諾希耶爾（Wilhelm Knöchjel）接觸後，隨即就有一些「海盜」為德軍逃兵、戰俘、被壓榨奴工和從集中營逃脫的人提供避難所，他們對倉庫進行武裝突襲行動以取得補給物資，甚至在一九四四年突擊科隆的蓋世太保總部。

　　許多中產階層年輕人表明反納粹立場的另外一種方式，是聽爵士樂和穿著英美服裝。由於政府當局將爵士樂視為頹廢的「黑人」音樂，因此跳吉魯巴舞（jitterbug）就被當成向當局挑戰的一種手段，年輕人藉由音樂逃避受到納粹歡迎的民族音樂歌謠。希特勒青年團對這種喜愛外國音樂的興趣感到驚

↑ 1939 年戰爭的爆發，意味著勞力短缺，因為男人上前線作戰了，此一情況迫使德意志女青年聯盟的女孩登記進入工廠上班。如圖，德意志女青年聯盟的女孩登記擔任學徒。

慌，一九四〇年時一份針對「搖擺」音樂節的希特勒青年團內部報告則悲觀地指出：「這些舞曲音樂全都來自美國和英國，他們只跳搖擺舞和吉魯巴舞。在舞廳入口處的一塊注意事項告示牌上，『禁止搖擺舞』已經被換成『請跳搖擺舞』。所有的人隨著音樂節拍起舞時，嘴裡都唱著英文歌詞，無一例外，整個通宵他們的確都試著只說英語，有幾桌人甚至會說法語。舞者們流露出可怕的眼神，沒有哪一對舞者是跳正常的舞，他們只跳最糟糕的搖擺舞。有時候兩個男孩會一起和一個女孩跳舞，有時候幾對舞者會圍成一個圈圈，把手臂勾起來跳著、擊掌，甚至會彼此用後腦

勺相互磨擦。然後他們彎下腰，上半身鬆垮垮地垂下來，長頭髮拍打在他們的臉上，幾乎是拖著上半身跪在地上繞來繞去。當樂團演奏倫巴舞曲時，舞者們都陷入狂野的興奮當中，他們跳來跳去，含糊地用英語合唱。樂團所演奏的曲目愈來愈狂野，沒有哪一位樂手是坐著的，他們全都在舞台上跳起吉魯巴舞，簡直像一群野獸。在這樣的場合中時常可以看見男孩子們一起跳舞，他們會在嘴裡叼著兩根香菸，一邊一根……」

當納粹禁止這些公開的音樂節時，活動重點就轉向私下、非正式的集會。如同「小白花海盜」，搖擺青年運動也是一種反對納粹控制

↓參與青年運動也意味著有機會娛樂和旅行，至少在剛開始時是這樣，鄉間和海邊的旅程十分受到歡迎。

←納粹的典範：兩名金髮年輕人，他將會成為第三帝國軍隊中的優秀軍人，而她則會留在家裡，培育未來的優秀納粹黨員。

年輕人的手段，演奏敵人的音樂並隨之起舞就是一種叛逆行為。甚至變得愈來愈隨性且自發的舞蹈本身，也被視為是對希特勒青年團偏愛的、受到嚴格控制的日耳曼民俗舞蹈的公然侮辱。國家在有能力的時候就會展開行動：一九四〇年時在漢堡（Hamburg），有超過五百名搖擺青年成員因為出席一個「搖擺」音樂節，而被以墮落為由逮捕。

與更偏向勞動階層的「小白花海盜」比起來，搖擺的狀況是中上階層對納粹的反應。他們有能力聚集在花費高昂的夜總會中，穿著所費不貲的英美服飾，因為他們的雙親較有餘裕。納粹的報告著重在搖擺舞狀況中的性雜交本質。事實上，在納粹對搖擺舞的報告中，內容較多與納粹對性的偏執意念有關，而非年輕人實際牽涉到的行為；年輕人的自我吹噓被納粹間諜當成毫不誇張的實情，個別的單一事件被膨脹成關於年輕人行為舉止的一般理論。希姆萊對於搖擺舞的狀況十分沮喪，他試圖把此一運動的「元兇」送進集中營裡，他們在那裡會遭毆打、懲罰，並要接受強制勞動。

所有這些年輕人對納粹的抗議行動顯示，並非所有的德國年輕人都會加入希特勒青年團，而且非常值得把諾曼第的希特勒青年團師裝甲擲彈兵拿來和其他德國年輕人對納粹做出的非主流形式反對做比較。抗議相當不容易，而且可能會產生致命的後果，但以上敘述的第三帝國內部非主流反抗行為顯示出，有相當多年輕人挺身而出，反對納粹對年輕族群的控制。

第三帝國中婦女的使命

希特勒深受作風徹底保守的女性吸引，並尊敬她們，同時也對性關係既排斥又著迷，據說他本人沒有性經驗。他將理想的女性描述為「漂亮得讓人想摟入懷裡、天真無邪的小可愛——溫柔、甜美的小笨蛋」。在第三帝國時期，希特勒高高在上的態度在納粹對婦女的政策當中完全表露無疑，婦女在納粹的決策過程中沒什麼實質影響力，而她們的地位大部份也只是表面而已。在納粹統治下的婦女運動，是由身為「帝國母親」的蓋爾特魯德‧修慈－克林科（Gertrud Scholtz-Klink）為首來領導，她對婦女解放的座右銘是「德國婦女再聯合起來！」

孩子、教會、廚房

一九三四年，修慈－克林科女士從國家社會主義婦女總會（Frauenschaft）的副領導人被擢

←←戰時的人力需求意味著農耕工作得移交給住在鄉下的婦女。

↓一名黨衛軍軍官小心翼翼地與希特勒的情婦伊娃‧布勞恩跳舞；希特勒本人不會下場跳舞。

升為所有國家社會主義婦女的女性領袖（Führerin）。修慈－克林科是一位有能力且充滿幹勁的工人，在很早的時候就投身於勞工組織。她的丈夫是一名衝鋒隊隊員，在一場示威中因心臟病發作而過世，留下她和六個孩子，其中有兩個也不幸去世了，之後她嫁給了一位醫生。就身體外觀而言，她可說是理想的亞利安婦女樣板：高大、金髮，而且有能力養育孩童。從一九

↓納粹婦女領袖蓋爾特魯德‧修慈－克林科女士。她使第三帝國的性別歧視以及婦女的舞台在家庭的信念具體化。

三四年起，表面上她要負責所有的婦女組織，這些組織包括婦女工作團（Frauenwerk，一個聯邦婦女組織）、紅十字會婦女聯盟、德意志勞動陣線中的婦女聯盟，以及婦女勞動役。婦女總會是負責協調第三帝國婦女組織的主幹，而其他婦女團體，特別是具有民主或人道主義傾向的，全都被冠上馬克斯主義者、反家庭、不愛國或是贊成墮胎的罪名，接著就被勒令解散了。

不過在所有這些婦女組織的背後，卻有著男性的權威和掌握。修慈－克林科被指望作風要和緩，並迴避艱深的議題。希特勒堅持女性的主要任務是生育，他認為任何形式的女權運動或婦女解放都是神的詛咒，希望婦女在德國社會中扮演輔助的角色，認為她們的存在就是為了要撫育納粹未來的下一代，因此納粹大聲喊出「孩子‧教會‧廚房」（Kinder, Kirche, Küche）的口號。「婦女的擅場在家庭」這種想法並不新鮮，因為在威瑪共和時代已經有人提出類似的想法，但納粹將其付諸實行。納粹統治集團積極地強調婦女的次等地位，在他們的心中，女性解放是墮落議會民主的另一項訊號。修慈－克林科表示，在希特勒的德國中，婦女的目標是：「在民族的存續中，托付婦女執行的一項偉大任務，就是照料男人、靈魂、身體和心智；婦女的使命，就是在家庭裡和職場上，照顧男人從生存的第一刻起直到最後一刻生命中的需求。她在婚姻中的天職是……男人的同志和幫手，有

了女性才會完美，這就是婦女在新德國的權利。」

《紐約時報》（*New York Times*）特派員於一九三七年採訪修慈－克林科，詢問她對德國一步步走向戰爭的可能性：「她先向字符號瞥了一眼，然後掃視了站在門口後方穿制服男子的黑色靴子，接著她迅速地轉過身，不希望她眼中的淚珠被人瞧見。『我也有兒子，』她平靜地說。她的雙眼就跟許多其他德國母親一樣傷心，她們一清二楚，都知道帝國勞動役的格言說得很坦白，兒子們必須『頑強地戰鬥，微笑地死去。』」在戰後，修慈－克林科躲避盟軍追緝達三年之久，但卻在一九四八年被宣告無罪。

「基因健康」的母親們

對納粹來說，婦女是主要的生產單位，為第三帝國製造士兵和納粹份子，但納粹沒有把如此粗野的想法公佈出來，反而勾勒出一幅德國婦女達成目標的美好意象，納粹藝術描繪婦女身處家庭環境中的傳統圖像。在納粹的觀點中，男人、婦女和兒童在家庭中全都要服膺指定的角色，根據這種想法，無數的海報印上了打扮得光鮮亮麗的金髮兒童與他們慈愛的亞利安父母和樂融融的圖案。納粹統治集團決心提高在一九三〇年代裡逐漸下滑的出生率（法國政府在戰間期也鼓勵法國婦女多多生育，以便與人口較多的德國匹敵）。

為了使德國婦女擁有更多的嬰兒，國家方面並不鼓勵兩性機會平等，因為這可能會導致婦女選擇不當全職母親，德國婦女也喪失墮胎和避孕的權利，同性戀和賣淫行為也在同一時間遭到打壓。在比較正面的做法上，納粹向婦女提供一系列獎勵措施，包括結婚貸款、兒童津貼和豐厚的家庭補助金，使她們願意維持一個較大的家庭，但這些獎勵措施並非人人有獎，只有「基因健康」婦女的貸款才會獲得批准；那些不符標準的人不但無法取得補助，而且依照一條在一九三三年七月十四日通過的法律，如果她

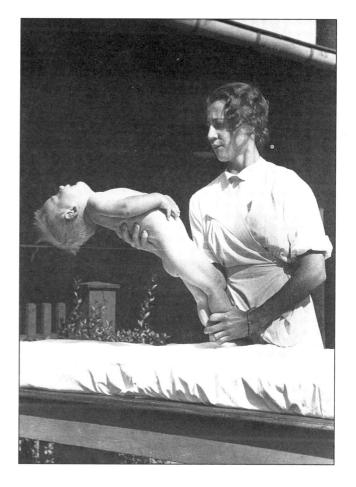

↓生下未來的軍人：圖為一名婦女正在為嬰兒做體操。嬰兒在未來會加入德國武裝部隊。

們有、或是被認為有遺傳方面的疾病，就會被強迫絕育。

面對這些甜言蜜語誘惑而不為所動的婦女或夫妻，就會被歸類為「墮落者」或「西方人」。在整個德國境內，納粹當局舉辦各種展覽活動來頌揚家庭的種種優點，傑出的德國人，像是巴哈（J. S. Bach），就因為他的大家庭而備受讚美，而成語「子孫滿堂」（Kindersegen）也是人人經常朗朗上口。與重視兒童一起的是，納粹對母親們發動了狂熱崇拜，希特勒母親的生日，即八月十二日，就變成一個屬於母親的節日，最會生兒育女的母親就會在當天獲得特殊獎勵。其中一種「榮譽十字」獎章

分成三級，專門用來頒給擁有大家庭的母親，擁有五個小孩可獲得銅章、擁有超過六個小孩可獲得銀章，而擁有超過八個小孩的母親可獲領金章。不過並不是所有的母親都有興趣當嬰兒工廠，有一份一九三四年出版的報告指出：「然而在那些適合女性本質與性情的職業類別基礎上，女性就業典範的重組與再建立，也就是國家尋求之女性勞動市場改變的基本目標，正遭遇在現今世代婦女的個人態度中，而不是在客觀的經濟動機中生根的阻礙。」

在納粹為婦女和與家庭建立的表象底下，其實藏有一個更陰險的現實。納粹將婦女視為創造更多士

↓對婦女而言納粹主義實用的一面：這是一套鞋子交換計劃，成長中的孩子可以用他的鞋子換一雙尺寸較大的二手鞋子。

兵與納粹公務人員的手段，如同我們在第四章所讀到的，納粹企圖以希特勒青年團這類組織，誘使年輕人拋棄他們的家庭；雖然生育嬰兒時需要婦女，不過一旦他們被生下來，納粹國家機器就會強力介入家庭以取得控制權，此舉篡奪了家庭做為保護兒童免於國家魔掌侵犯的傳統觀念。就像所有的極權政府一樣，納粹痛恨家庭的獨立性，以及其所代表之公民權力替代性來源的事實。此一歐威爾（Orwell）式的「老大哥」（Big Brother）極權主義行徑，試圖以一種全新的代理關係來取代生物紐帶；如果有必要，國家會透過使成員相互對立的手段來分化家庭，一旦他們長得夠大

了，官方就鼓勵孩子們向蓋世太保舉發他們的父母。因為納粹掌權的時間還不夠久，而家庭在德國是相當強而有力的個體，這個毀滅性的趨勢最終還是失敗了。

　　約瑟夫・戈培爾的夫人可奉為德國婦女的楷模。瑪格達・戈培爾（Magda Göbbels）身材修長，擁有一頭金髮，並且生了六個孩子，她是一個理想的宣傳形象。他的丈夫據此來談論婦女：「婦女的使命就是打扮漂亮，並負責把孩子帶到這個世界上，這種想法一點也不會像乍聽之下那樣的粗野和古板。母鳥為自己的配偶打扮得漂漂亮亮，並為牠孵蛋；而公鳥負責收集食物、警戒並抵擋敵人。」戈培爾因

↑ 德國紅十字會的護士，她們兩人都配掛二級鐵十字勳章。在第二次世界大戰期間，許多婦女以醫療人員的身分在前線或靠近前線的地方服務。

喜愛捻花惹草而臭名昭彰，並老是為了情婦的問題和戈培爾夫人吵架，所以經常勞駕希特勒來排解糾紛，他告誡戈培爾要注意自己的行為，在納粹的婦女理念中暗示了某種層次的偽善。由於口紅和化妝品被認為不自然，人們並不指望婦女把自己弄得太漂亮，在威瑪共和時代，妝化得太濃的婦女容易讓人以為是一個墮落的女人，那種嚴格來說算不上是「德國人」的人，因此納粹總是把氣色好、充滿自然美的亞利安婦女拿來和其他歐洲國家濃妝艷抹的婦女做比較。不過許多納粹大員都有情婦，實際行為和他們宣傳的道德規範仍有一段距離；顯然這些所謂的婦女典範有一部份是宣傳手段，另一部份則是「一般」德國人期望擁護的價值。

一九三六年，希特勒對婦女總會發表一項演說，當中概述了新的婦女政策，他宣告：「如果今天有一位女法官完成了許多業務，隔壁則住了一位母親和五個、六個或七個小孩，他們十分健康，教養也很好，那麼我就會說：從人類永恆價值的觀點來看，生兒育女並把他們撫養長大，並回報人類未來生活的婦女，她們完成了更多，也做得更多。」既然希特勒本人都已經表達這樣的想法，那麼婦女被排除在與法律有關的專業之外就一點也不會

↓為了第三帝國，德國女孩們專心地縫紉。雖然納粹主義強調家庭才是婦女的領域，但德國婦女不可避免地得投入戰爭工作。

讓人驚訝了，而把婦女排除在其他傳統上由男性主導的行業之外的努力也正在進行，像是醫療和教學等等。基於「因為她們只會受情感支配，所以無法進行邏輯思考或是客觀推論」這類的理由，婦女甚至遭限制不得參與陪審團。對政治有興趣的婦女，甚至是那些在納粹中活躍的人，可以讓她們發揮天資和熱忱的機會很少，國家社會主義根本可以說是男人的事。

快樂家庭的假象

在納粹統治集團內部，婦女們為納粹所表現出恩人般的傲慢態度所苦。瑪格達・戈培爾不情願地忍受丈夫的不貞；馬丁・波爾曼（Martin Bormann）的妻子蓋爾達（Gerda）則是接受她的丈夫坦白，也就是他與女演員曼雅・貝倫絲（Manja Behrens）通姦，並高調地求婚。波爾曼夫人對女人附屬於男人的新秩序十分寬容，她建議與貝倫絲合組一個三角家庭，在這個情況下可以生出更多孩子。波爾曼夫人的觀點是，貝倫絲在人種方面實在是太純淨、太有價值，因此應該生育小孩，所以她向丈夫建議：「你當然可以和曼雅在一起，但是一定要好好關照她，今年讓曼雅生小孩，下一年再輪到我有小孩，這樣一來你身邊就一定會有一個保持好身材的女人。」蓋爾達的建議，和農業中的輪作如出一轍。

與納粹主義有關的每一件事都強調男性優勢。男人為國家民族而戰，並守護其價值；對家庭來說，父親就像是國王，透過神授的君權進行統治，其餘成員都必須無條件接受他的治理。婦女擁有任何權力的唯一場所，就是家庭，人們期待婦女打理好家務，男人就可以在工作之後回到家裡。父親是負擔生計的人，婦女則是持家的人，此一秩序的維持還可以加上兒童，在當中女孩應該以母親為模範，而男孩則為服務國家的成人生活做準備。

在國家宣傳的壓力下，許多婦女向孩子反覆灌輸國家社會主義價值觀，並努力地扮演好被賦予的角色。許多婦女投票給希特勒，帶著

↓瑪格達・戈培爾女士。她和猶太人前夫離婚，對喜歡捻花惹草的跛腳丈夫來説是位盡責的妻子，容忍他多次外遇。

崇拜眼神的支持者蜂擁而來向他致敬的畫面，證明了希特勒在婦女間受到歡迎的程度。許多婦女就跟男人一樣，被一九三三年後納粹新秩序的標語和承諾欺騙。一九八一年，上了年紀的修慈－克林科接受訪問時，證實了她在一九三〇年代抱持的納粹觀點。她在一九二〇和一九三〇年代曾經接受的納粹路線，在第三帝國毀滅後很長一段時間內力量依然強大；對她來說，一九三〇年代的納粹主義，由於納粹高層人士的言行舉止就像完美無暇的紳士，曾為女性製造出「一個快樂的家庭」。有人懷疑這種想法是在渴望失業狀態結束、並重建強大第三帝國的人中普遍散播開來。

婦女與再武裝

　　納粹面臨的其中一項問題就是對工廠工人的需求。由於再武裝，特別是戰爭在一九三九年爆發，因此需要婦女來維持工業生產，不過此一需要女性勞工的狀況與納粹主張婦女應該安份守己待在家庭的政策大相逕庭。一九三六年之後，再武裝的規模大幅擴張，引發了勞力短缺問題；到了一九三八年年底，德國的職業介紹所共有高達一百萬個職缺，沒有孩子的婦女，或是孩子已經長大的婦女，很明顯地是可以滿足此一短缺狀況的勞力來源。納粹警覺到勞力短缺使得男性勞工薪水高、環境好的優勢。

　　由於面臨勞力短缺，納粹制定措施鼓勵一些婦女進入職場領域，然而此一務實的做法與納粹將婦女

→→在 1943 年的一次盟軍空襲之後，一名德意志女青年聯盟的少女協助為被炸得無家可歸的德國家庭準備食物。

束縛在家庭中的政策背道而馳，因此這些動員婦女的努力是三心二意、遲疑且不太成功的。在雇用女性的工廠內提供醫療設施、休息室和育嬰中心的方面有一些進展，不過納粹仍對婦女傳播一種保護性優勢的態度，像是工廠經理認為女性較虛弱、容易受傷，需要特別注意。到最後，這種向婦女展現的恩賜態度強化了（而非挑戰）傳統的婦女典範。到了一九三九年，從事有給職工作的婦女人數，從一千一百五十萬人（一九二五年和一九三三年）上升至一千二百七十萬人，約為百分之三十七左右，在戰爭前期此一數字又上升到百分之三十八，然而婦女在德國軍備生產當中所佔的比例，仍低於第一次世界大戰時的水準；相較之下在其他國家，像是英國和美國，再武裝和戰爭產生了大量雇用婦女的狀況；在德國，由於納粹不太願意鼓勵這樣的轉變，因此德國工廠便在戰爭期間雇用從被佔領的歐洲國家強徵之奴工，多多少少解決一部份勞力短缺的問題。這種奴工由於心懷不滿、伙食差勁和遭到嚴酷虐待，因此生產力十分低落，這一點都不讓人驚訝（當局還制定嚴苛的往來規定，以防止他們和當地德國婦女私通）。這種不願意大量雇用婦女的心態，是導致德國在一九四五年戰敗的因素之一。

婦女在鄉間

　　即使納粹強調傳統的家庭價值，然而在鄉間，女孩們受的教育

仍是為家庭生活做準備。納粹為婦女的生活帶來一些改變，他們引導農村婦女進入更寬廣的世界中，建立個別的婦女組織，並且為女孩們導入了某種形式的國家服務。這些由國家營運管理的團體，允許婦女到村莊範圍以外的地方四處旅行，並讓她們和來自其他村落的婦女接觸，此一機制也允許婦女與來自其他地區的男性交流，並打破村內通婚的形態。

納粹統治的現實

　　然而當納粹主義為鄉間的婦女帶來部份解放時，新政權也做出了要求。隨著第三帝國一步步邁向戰爭之路，當局期待婦女扮演好她們的角色，當男人加入武裝部隊時，她們被迫結合角色並填補人力缺口，因此婦女要承擔管理農場的責任（只有馬場主人不必加入武裝部隊服役，因為德國陸軍需要使用馬匹），有些婦女甚至加入市鎮中的工業生產體系。舉例來說，一九三四年之前在赫塞（Hesse）的柯爾勒（Körle）村，離開學校的女孩沒有一位取得學徒身分，或是接受職業訓練；到了一九三五年之後，有愈來愈多的女孩接受訓練，並進入職場。一旦戰爭在一九四二後開始變得對德國不利，進入工廠工作的農村婦女與戰俘和奴工一同工作

↓由於男人加入武裝部隊，部份婦女被迫到工廠上班。如圖，婦女們正在進行彈藥生產過程中的關鍵作業。

時，她們就承受了軍事化經濟的所有困苦。

　　儘管納粹主義有著愛護女性和婦女美德的表面，但那些無法乖乖遵守規定、或是被認為在千年永固的第三帝國內沒有一席之地的人，就會發現自己被關進集中營裡。首座專為婦女設立的集中營於一九三三年十月在摩林根（Moringen）開始運作，猶太人、耶和華見證人教派信徒（Jehovahs Witnesses）、社會主義份子、共產黨員、從種族觀點來看體格不佳者和其他被納粹歸類為「不適應環境」的婦女都會被送來這裡；到了一九三八年，被送來的人愈來愈多，摩林根婦女集中營無法處理，因此薩克森（Saxony）的李希騰堡（Lichtenburg）集中營就成為第二座婦女集中營，接著下一座集中營則是一九三九年五月在麥克連堡（Mecklenburg）的拉芬斯布呂克（Ravensbrück）設立。剛開始興建這座集中營的目標是收容六千名囚犯，但到一九四四年時數量就增為兩倍；納粹曾在該集中營進行醫學實驗，總計有九萬二千七百人因此喪命。

↑納粹計劃在 1933 年後的四年內使八十萬名婦女離開職場，但到了戰爭結束時卻有數以千計的婦女在產業界工作。

第三帝國的日常生活

　　就大部份德國人而言，對於一九三〇年代的記憶不是恐怖、謀殺和鎮壓，而是秩序、平靜、就業和繁榮，因此在一九五一年時，德意志聯邦共和國（Federal Republic of Germany）內被問到對一九三〇年代看法的人，有將近一半把一九三三年至一九三九年的這一段期間形容為德國最美好的年代。一九四九年時由德國輿論研究中心（German Public Opinion Institute）進行的一項調查，可說是總結了其多次調查得到的發現：「保證有薪水、秩序、歡樂力量旅行團（納粹的休閒娛樂組織），還有平順運作的政治體制……因此『國家社會主義』使他們只會去思考工作、適當的滋養、歡樂力量旅行團和政治生活不再陷入混亂。」

　　對許多一般德國人來說，納粹在一九二〇年代的騷亂後帶來一段時期的平靜。一名克魯伯的裝配

←←1938 年納粹德國併吞奧地利後維也納的街景；第三帝國內不可或缺的就是納粹主義的裝飾。

↓對許多德國人來說，他們對納粹的理解就是降低失業率，並恢復秩序。

→→納粹提供群眾物質上的好處來撫慰他們，像是規律的假期。「歡樂力量旅行團」休閒組織經營各種優惠旅遊行程。

工人恩斯特·布隆貝爾格（Ernst Bromberg）比較了一九二○年代的紛擾和納粹上台之後出現的平靜。一九二○年代的生活十分艱苦，由於缺乏工作機會，他在一九二七至一九三二年之間被克魯伯公司暫時解雇五次。國家社會主義統治時期因就業狀況而備受注目，布隆貝爾格也能疏遠納粹的控制：「多虧了勞動陣線，當你忙著輪班工作的時候，根本就沒空去參加（政治活動）。之後，我的天啊，沒錯，人們是有點反抗它，但它就只是繼續，你知道的！沒錯，很明顯地，如果你有工作可以做的話，你根本不會有時間發表長篇大論，早上當你必須起床的時候就會起

床，你不會把休息時間拉太長，畢竟金錢是很吸引人的……可以那樣說，除了我對勞動陣線的貢獻之外，我再也不擔心納粹了。我就是跟納粹沒有任何關係，你知道的，而且無論如何我整個星期都在參與新教教會的活動……」對布隆貝爾格和許多德國人來說，這是一個景氣大好的時期。他熱愛參與新教教會唱詩班的活動，顯示出還是有德國人試著找出可以使他們遠離納粹主義的興趣。且自從一九三三年開始至戰爭初期的年代，是一段平靜的時期，此一和平階段的核心是長期的經濟繁榮。

對許多德國人來說，日常生活中值得注意的不只是經濟起飛，還

↓對一些人來說，生活中充滿痛苦折磨，像是1930年代被強迫勞動的達豪集中營囚犯。這段期間內，囚犯們在集中營內經歷了從嚴厲到最極端殘忍的生活條件。

有納粹歡樂力量旅行團的假日休閒運動，第一次使一般德國人民可以度過一個適合的假期。德國人到波羅的海海岸，甚至到國外，都是龐大假期組織行程的一部份。這些「套裝假期」給了德國人先前無法享受到的休閒樂趣。在納粹統治下，德國人能夠好好度個長達一或二星期的假期，與短期的腳踏車假期不同。歡樂力量旅行團最初是模仿義大利法西斯一個依照類似路線經營的組織而建立，其目標是激勵工人士氣，而歡樂力量旅行團則是要刺激德國勞工，以更加提高生產力。歡樂力量旅行團的假日遊客常搭乘豪華遊輪航行四海，並且乘火車至阿爾卑斯山（Alps）、威尼斯（Venice）、那不勒斯（Naples）和里斯本（Lisbon）旅遊，而挪威（Norway）也是歡樂力量旅行團旅程中倍受喜愛的目的地。

這些旅遊受到勞工歡迎，也為農村旅館的老闆和國有鐵路（Reichsbahn）、即國家鐵路系統帶來可觀收益。歡樂力量旅行團計劃也會出資補助戲劇表演、音樂會、展覽活動、運動比賽、郊遊遠足、民俗舞蹈和成人教育課程。納粹把資金投入其中，做為獲取大眾支持的手段。歡樂力量旅行團在一九三三至三四年獲得兩千四百萬馬克，在一九三五年取得一千七百

↓1930 年代，納粹會向人民和全世界描述一般德國人的生活：在游泳池邊享受快樂假期的家庭。

萬，在一九三六年又有一千五百萬進帳，它在此過程中就搖身一變成為國營企業（有點像黨衛軍）。納粹在上台的兩年內就創造出一個龐大的度假組織，龐大到特別為它建造了兩艘附有頭等艙的遠洋客輪，甚至連聞名遐邇的國民車在剛開始時也是被命名為歡樂力量旅行車，而政府則提供高額補助使其進入量產。直到國民車出現前，汽車一直是中產階級的象徵，但有了國民車〔就好像美國的福特（Ford）T型車〕，透過每週分期付款，擁有一輛家用汽車對一般德國家庭來說不再是遙不可及的夢想（然而當戰爭爆發時，汽車生產就因為軍備生產而暫時停止，一般德國人就再也買不到汽車了）。

納粹菁英認為歡樂力量旅行團是國家社會主義利益的實際證明。負責歡樂力量旅行團活動的羅貝爾特・賴伊總結其目標：「在勞工的眼裡，我們認真地提升他們的社會地位。他們看到我們向世界展示的並不是所謂的『受教育階級』。」對賴伊來說，歡樂力量旅行團是納粹德國內階級鬥爭破壞性潛力的證明：「在最近幾年內，勞工將會擺脫他們也許是從過去繼承而來的自卑感之最後痕跡。」

大部份德國人沒有採取什麼行動來對抗這個政權；共產黨員阿洛伊斯・菲勒（他的經驗會在第八章的開頭概述）則是例外。對一名漢堡銀行家的兒子曼佛列德・弗萊黑爾・馮・施洛德（Manfred Freiherr von Schröder）來說，納粹是一股追求穩定的力量，他並且在一九三三年、也就是希特勒上台的這一年加入納粹，施洛德回憶到：「每一件事再度恢復了秩序，並且清清白白；有一種民族解放的感覺，一個全新的開始。」德國人知道，反對這個政權的人被關在集中營裡，但是這些集中營被認為是重建秩序和恢復德國威望的必要手段，施洛德再次說道：「自從英格蘭的克倫威爾（Cromwell）以來，你從未有過這種體驗，最接近的是法國大革命，不是嗎？身為巴士底監獄（Bastille）裡的法國貴族不是那麼令人愉快，對吧？所以人們在那個時候說，『噢，英國人在南非發明了他們（集中營），用在波爾人（Boer）身上。』」在一九三〇年代，德國人可以忽視涉及和他們相較之下少數同胞性命的集中營，這些集中營不同於一九四〇年代的滅絕營，被釋放的囚犯被迫簽下一紙文件，當中承諾他們絕不會談論營中的經驗，如果違反就會再度被立即逮捕，並送進集中營。

和基督教相互對立

納粹被迫容忍德國境內的宗教活動，但如同馬丁・波爾曼大聲疾呼的：「國家社會主義和基督教是相互對立的。」希特勒支持此一觀點，表示：「總有一天我們會想要在一個位置，那裡只有白癡站在教堂的講壇裡向老太婆說教。」納粹將基督教視為被猶太人玷污的宗教信仰。為了反制，納粹向德國人民提供一個新宗教，以鮮血、土壤、

日耳曼民間傳說和千年第三帝國為基礎，在這點上，納粹與以前試圖給人們一個華麗的全新世俗世界的革命者沒什麼不同；絲毫不令人訝異，種族優勢在這個新「宗教」中佔了相當大部份。

依然想要精神寄託的納粹份子創立了一種稱為信神（Gottgläubig）的宗教，以替代現有教會，此一信仰遭到病態異教徒實踐的嚴重扭曲，納粹當局正式批准此教派活動，到了一九三九年「信神」的教徒已超過三百萬人。納粹強調異教徒過去的浪漫概念，

↓馬丁‧波爾曼是希特勒最親近的密友之一，號稱「辦公桌後的馬基維利」，就像許多納粹份子一樣，他相信納粹主義，並反對基督教信仰。

而在同一時間打壓已經建立的教會。納粹不願意容忍（就像對家庭一樣）在基督教中有一個可替代的權力中心，因此與教堂結合的生活儀式，像是出生、婚姻和死亡，全都遭到批判，在這樣的攻擊中，納粹甚至改變了曆法，以貶低基督教的慶典，並著重非基督教的儀式。因此在一九三八年時，納粹禁止在學校中演唱耶誕讚美詩和演出耶誕劇，而在同一時間，耶誕節則被一個新的詞彙「耶誕季節」（Yuletide）取代。

新教與一體化

更極端的納粹份子看起來打算將納粹一體化（Gleichschaltung）政策擴大到教會身上，此一政策的目標是將德國人生活的各個領域放進至高的納粹機器中，反對此一過程的任何東西或任何人就不能信任，而相互結合的納粹組織就試圖把德國人生活中的所有領域一起帶進納粹權威之下。一九三三年之後，納粹通過了一系列法律，用來消滅往昔日耳曼國家的傳統和特權，並創造一個單一政黨中央集權的國家，而新的權力團體就從這眾多新立法之中發展起來，像是黨、勞動陣線、黨衛軍、保防處（SD）和蓋世太保。

教會是一個顯而易見的目標。一九三三年四月時，強硬派的納粹份子要求立即對所有新教教會進行一體化。德國國內兩大教派，羅馬天主教和新教的回應莫衷一是，有些人默許納粹的要求，其他人則堅

決反對此一新威脅。納粹新教徒
（時常被稱為「積極的基督徒」）
相信耶穌基督以希特勒的形體降臨
到他們身邊，表示上帝認可亞利安
人的生活方式，主張種族混合是一
種錯誤。基於此一想法，「積極的
基督徒」企圖通過一項提議，要
求擔任神職人員的先決條件就是
擁有亞利安血統。馬丁‧尼莫勒
（Martin Niemöller）牧師接掌了
宣信教會（Confessional Church）
的領導權，並組成一個牧師緊急聯
盟（Pfarrenbund）以反對這些強硬
派。

　　尼莫勒在第一次世界大戰時是
一位潛艇艇長，曾獲頒功績勳章
（Pour le Mérite）；他接著研究神
學，並在一九二四年時被任命為牧
師。大約有七千名牧師加入尼莫勒
的反對運動，但納粹的迫害嚴重貶
抑他們的地位。其間，「積極的基
督徒」攻擊聖經舊約和新約中那些
被認為遭到猶太教玷污的部份。
「積極的基督徒」的政策遭到許多
新教教會人士的嚴厲批評，也遭到
像尼莫勒這類的人的攻擊。到最
後，納粹將新教一體化的企圖失敗
了，但這並不能阻止納粹迫害宗教
領域的反對者，包括尼莫勒在內，
他在一九三七年時遭到監禁，隨後
被送進集中營。新教教會在一九三
五年公開將所有納粹種族－民族世
界觀斥為無稽之談，結果有七百名
神職人員被捕，他們倍受羞辱，連
公民自由也被限制。儘管納粹最後
沒能併吞這些教會，但到了一九三
〇年代末期，壓制政策已有效遏止

↑1932 年，警員們在一個院子裡休息。納粹當局對警察和武裝部隊成員施加龐大壓力，要求他們放棄教友資格。

新教運動內的公開反對。

難以應付的天主教會

　　對納粹來說，天主教會代表更
難以應付的反對力量。天主教徒比
新教徒多了兩項優勢：首先，他們
的宗教是真正的國際宗教信仰，由
梵諦岡的教宗進行集權領導；第
二，天主教徒在德國境內有一個代
表其利益的政治性組織，名為中央
黨（Centre Party）。天主教會希望
運用政治影響力來使納粹對教會事
務的干擾轉向，因此中央黨支持一

九三三年的授權法（這是一個徹底的手段，使納粹政府可以制定法律而不必經過德國國會批准），此法構成納粹合憲的基礎，希望這樣的支持可以在納粹對天主教的政策中獲得好處。希特勒小心翼翼地不和天主教會對抗，並且用安撫的說法哄騙，使其誤以為可以放心。大部份的德國天主教徒（和新教徒）也是一樣，他們毫不關心對所有德國人做出絕對要求的全部納粹意識形態，而且也未能看出其威脅現存宗教的潛力。

到了一九三六年，天主教會向

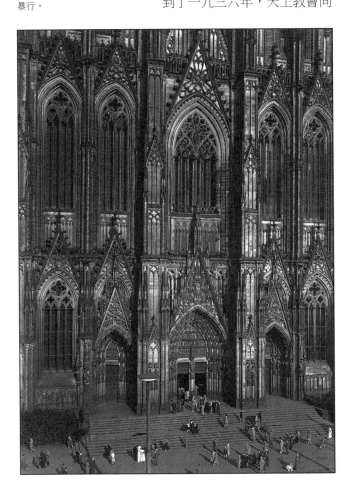

↓豪華壯麗的科隆大教堂。納粹隨即鎮壓了宗教界的大部份反對聲浪，只剩下少數勇敢的神職人員公然表明反對暴行。

希特勒提出有關納粹干預其事務的正式報告。當教會代表法奧哈伯爾（Faulhaber）樞機主教抗議對有遺傳疾病的人進行絕育之新法律時，希特勒終於大發雷霆，並告知這位樞機主教不要插手這件事；在法奧哈伯爾與元首衝突的五個月之後，教宗庇護十一世（Pius XI）頒布了一道特別的教皇通喻，標題為〈深切的掛念〉（With Deep Anxiety），譴責納粹對教會的攻擊。教宗提醒希特勒人之所以身為人類，就會擁有面對社會上每一次否定、壓制並妨礙的企圖而要加以維護的權利。此一教皇通喻由德國所有天主教會的教士宣布，納粹對此的回應是在國家掌控的媒體中攻擊神父、僧侶和修女，之後逮捕了當中一些人，並捏造金融和性犯罪方面的罪名指控他們；戈培爾身為一位前天主教徒，精心策劃了這些攻擊，並將數百名神父和修女送進集中營裡。

最後，兩個基督教會都無法理解納粹代表的威脅。當許多個別的神職人員如英雄般地行動時，教會卻沒有採取什麼行動來阻止納粹接收德國。他們的回應只有發表無力的反對聲明，而不是籌劃群眾抗議活動。教會（和所有的德國人）如果注意到尼莫勒牧師的著名評論，就會做得很好：「納粹首先對付猶太人，但我不是猶太人，所以我沒有反對；然後他們對付天主教徒，但我不是天主教徒，所以我也沒有反對；接著他們轉向工會會員，但我不是，所以我還是沒有反對；最

後終於輪到我了，但是再也沒有人出來反對了。」

　　至於鄉村的日常生活又是什麼樣的狀況呢？一旦納粹上台，地方市鎮首長就遭撤職，反對黨也被取締，任何和左派有關係的休閒俱樂部都被勒令停止營運。此一意識形態的重組和協調（即納粹一體化）在鄉下完成了，且沒有受到多少農村傳統保守人士的反對；不過為了以防萬一，當局還是會從鄰近村莊調來突擊隊員擔任強制執行人員。

　　並非每一個人都會和這種影響他們生活的嚴密控管合作。有些村民會避開納粹的遊行，而當納粹打算徵收赫塞的柯爾勒村自行車俱樂部的腳踏車時，俱樂部人士用來聚會的小旅館老闆卻拒絕交出這些腳踏車，並宣稱這些腳踏車都是他自己的；直到戰爭結束後，他才把這些腳踏車還給原來的車主。此外納粹在柯爾勒首度舉辦五朔節遊行時，他們驚訝地看著自己，在當地婦女高舉著的威瑪共和旗幟前通過。

新的組織進入農村生活

　　不過這些藐視或挑戰行為都只是例外，而不是常態。很快地，納粹就深入了德國境內的各個村鎮，改變了生活。納粹不斷表示他們能夠降低失業率，並改善貧窮的狀況，因而獲得支持。納粹引進了勞動役（Arbeitsdienst），替婦女和兒童成立各種組織，並透過「歡樂力量旅行團」提供一般人民便宜的假期旅遊。在鄉間，這些措施吸引

年輕人，只有比較老的人無法接受。納粹迎合年輕人的喜好，而新的納粹結構取代了以家庭為基礎的舊式農村生活時，就導致了世代問題，參加納粹青年組織的年輕人和婦女將新的自信帶回家中，挑戰父母親的權威。對許多村民來說，對納粹國家的忠誠和老一輩結構的傳統階層爆發衝突時，就導致了家庭內的迷你戰爭。

　　在第三帝國統治下，農村家庭在撫養和教育兒童方面喪失了大部份功能。學校的教育被扭曲，再加

↓馬丁．尼莫勒牧師（左）是少數幾位願意公開批判納粹的德國人，他是一位堅定的牧師與和平主義者。

上希特勒青年團的影響，農村兒童所接受的生活觀點與之前大大不同。傳統上，年輕人會把時間花在幫忙農務，現在則花在和納粹青年組織有關的運動和準軍事操練上；當年輕人（包含女性）年滿十八歲時，就會被徵召進入勞動和軍事單位，而此舉就拉大了農村裡兒童和父母之間的距離。此外這樣的狀況也使農村工作發生問題，因為能夠幫忙的年輕人都離開去做別的事情。

納粹為這些改革辯護，表示他們是為每一個人的利益著想，國家就像是一個家庭，而每個人都需要為這個較大的家庭做出貢獻。在這樣的背景下，對村民來說很難反對改變生活方式。一旦一九三九年的戰爭爆發，男人被徵召上戰場服役，村民們就被迫收容（跟英國一樣）因盟軍轟炸德國大城市而被疏散的都市居民。在德國境內的各個村莊，村長或鎮長們擔負評估村莊內每戶人家的任務，以確定有多少空間可收容被疏散人員；當東線的戰爭局勢開始對德國不利時，大批德國難民向西移動以逃離紅軍，這些人也全都需要可以棲身的地方，

↓德軍部隊在赫塞進行演習，村民們在路旁觀看。在鄉間地區，新的納粹組織取代了以家庭為基礎的舊體制。

這些新來的人就在消極的順從和無聲的憤怒當中被接納。戰爭的走向使大部份鄉村居民相信第三帝國的末日已經來日無多，結果到了一九四四年，鄉村居民們開始公然反對納粹當局，並貯存食物，甚至會藏匿逃兵。

鋼鐵般的牢固控制

當戰爭在一九四五年五月結束時，農村中的生活，像是在柯爾勒，已經無可挽回地改變了，納粹摧毀了舊秩序，盟軍又消滅了納粹。在柯爾勒，差不多每一戶家庭都有人在戰場上犧牲，這座村落沒幾個年輕人，但卻有著數目不相稱的老人。重新安置來自東方的難民也改變了鄉間農村的結構，因為新來暫住的人們落地生根，並於戰爭結束後繼續在當地生活。婦女也被納入戰爭經濟體系中，並且不再願意接受農村家庭的傳統角色。最後，當納粹發動一系列暴力活動，有效摧毀了田園生活的古老結構時，農村居民企圖維持以血統和土地（Blut und Boden）為基礎之田園生活方式終究失敗了。

把陰影投射在納粹德國日常生活上的是希姆萊的黨衛軍（SS），一個帝國中的帝國。黨衛軍從一小群負責保護希特勒的護衛隊逐步發展起來，成為一個龐大的組織。其帝國安全總局（RSHA）由黨衛軍二級上將（SS-Obergruppenführer）萊因哈德·海德里希指揮，對第三帝國的生活造成最深遠的衝擊；在帝國安全總局轄下最重要的幾個部門，包括黨衛軍中將（SS-Gruppenführer）海因里希·穆勒（Heinrich Müller）指揮的祕密國家警察（即蓋世太保）、黨衛軍中將阿圖爾·內博（Arthur Nebe）指揮的刑事警察（Kriminal Polizei），還有黨衛軍少將（SS-Brigadeführer）華爾特·雪倫貝爾格（Walter Schellenberg）指揮的國外保防處（Ausland SD），此即情報部門，以及黨衛軍少將奧圖·歐倫多爾夫（Otto Ohlendorf）指揮的國內保防處（Inland SD）。

蓋世太保負責搜捕危險份子，並維持納粹鐵腕控制的祕密警察，其逮捕權力完全沒有法令限制。蓋世太保擁有許多線民擔任耳目，例如在一棟大型公寓大樓裡，就會有定居在其中的蓋世太保線民，負責監視該棟大樓住戶的一舉一動。蓋世太保一九三九年時有兩萬名職員，到了一九四三年則有十萬名線民。一旦被線民舉發，就意味著會被拘留，官員們在那裡依照法律規定，有權以毆打的方式來取得口供（此一過程一次可能會持續個幾天，而犯人在意識清醒或模糊之間就會犯錯）。驚嚇不已的犯人接著就會被送進集中營裡，之後就再也沒有人看到他了。蓋世太保透過恫嚇和恐怖，對國家和人民保持嚴密的控制，鮮少有人會對此感到疑惑。

精心策劃的文化活動

赫曼‧戈林在他聞名遐邇的妙語中總結了納粹對文化和藝術的態度：「無論什麼時候我聽到『文化』這個字眼，我就會把手放到左輪手槍上。」戈林的態度獲得高層納粹份子的回響。如同我們所見，希特勒痛恨知識份子，以及有關理智的全部一切，並且嚴重執迷於一旦上台就要把他們全部殺光的想法。

一九三三年後，許多德國知識份子，特別是具有猶太人血統的人士，看到寫在牆上的標語便決定移居國外，那些外移人口名單可說是德國知識份子反對納粹主義的重要力量，且此波移民潮對德國文化界來說是沉重的損失：作家方面包括湯馬斯‧曼（Thomas Mann）和海因里希‧曼（Heinrich Mann）兄弟、阿諾德‧茨威格（Arnold Zweig）和施岱凡‧茨威格（Stefan Zweig）、法蘭茲‧魏爾斐（Franz Werfel）以及雅各‧瓦瑟曼（Jakob Wassermann）；包浩斯學派（Bauhaus）的大師，像是華爾特‧格若皮烏斯（Walter Gropius）、米斯‧范得羅厄（Mies van der Rohe）與馬瑟爾‧

←←教授們出席歷史悠久的海德堡大學校慶活動。

↓無法符合納粹標準和被認為是「非日耳曼」的書籍都會被燒毀。

布羅依爾（Marcel Breuer）；畫家方面例如馬克斯・貝克曼（Max Beckmann）、奧斯卡・科可許卡（Oskar Kokoschka）和庫特・許威特斯（Kurt Schwitters）；電影導演弗里茲・史騰貝爾格（Fritz Sternberg）和弗里茲・朗（Fritz Lang），還有女演員瑪雷娜・迪特里希（Marlene Dietrich）。天才音樂家和作曲家方面的損失更是顯著：保羅・辛德密特（Paul Hindemith）、奧圖・克連佩瑞爾（Otto Klemperer）、庫特・威爾（Kurt Weill）、漢斯・耶里內克（Hanns Jelinek）、恩斯特・托賀（Ernst Toch）、阿諾德・荀白克（Arnold Schönberg）和理察・陶伯爾（Richard Tauber）。學者

們也成群離開了：馬克斯・魏哲邁（Max Wertheimer）、威廉・史騰（William Stern）、席格蒙・佛洛伊德（Sigmund Freud）、保羅・田立克（Paul Tillich）、恩斯特・布洛赫（Ernst Bloch）、泰奧多・阿多諾（Theodor Adorno）、恩斯特・卡西瑞爾（Ernst Cassirer）、庫特・哥德斯坦（Kurt Goldstein）、埃里希・富樂門（Erich Fromm）、弗里茲・萊赫（Fritz Reiche）、漢斯・貝特（Hans Bethe）、理察・柯蘭特（Richard Courant）、詹姆斯・法蘭克（James Frank）以及阿爾貝爾特・愛因斯坦（Albert Einstein）。當德國展開研發原子彈的計劃時，就會瞭解愛因斯坦

↓1938 年，戈培爾和元首一同出席偉大第三帝國藝術展的開幕式。納粹藝術遵循著一套可預測的風格，並強調軍人的美德。

↑納粹思想理論家阿爾佛瑞德‧羅森貝爾格。他在 1920 年代闡述邪惡的反猶思想，並協助為種族主義建立一套納粹意識形態的基礎；他於 1946 年被判絞刑處死。

的離開所帶來的遺憾，一九四五年八月美國投擲在日本的原子彈就是以他提出的相對論（Theory of Relativity）為理論基礎。納粹上台之後，總計大約有二千五百名作家離開德國。

雖然許多知識份子、作家、音樂家和科學家離開德國，有些人卻選擇留下來。在那些留下來的人當中，顯要的人物有奧圖‧哈恩（Otto Hahn）、維爾納‧海森堡（Werner Heisenberg）、馬克斯‧普朗克（Max Planck）、蓋爾哈特‧豪普特曼（Gerhart Hauptmann）、哥特弗利德‧貝恩（Gottfried Benn）和馬丁‧海德格（Martin Heidegger）。這些人之所以會選擇留下來，是因為許多德國知識份子傳統上不會踏入政治圈；其他人通常是受到納粹對他們的工作給予正式承認的引誘，進而決定和納粹革命理想合作。仍有其他人天真地相信納粹不會攻擊德國知識份子的生活，但他們錯了：德國人將他們一體化的政策應用在文化和藝術方面，以便使德國人生活的此一領域與納粹國家機器完全調和。

一九三三年三月，就在希特勒成為德國總理的兩個月後，戈培爾宣布文化和政治將會合一。一九三三年九月，他創立新的帝國文化議院（Reichskulturkammer），德國藝術家如果想要工作的話，就必須加入這個組織，而不是亞利安人的藝術家就被禁止加入。其他國家部門也涉入文化和藝術事務，和戈培爾的新協會平行運作。

阿爾佛瑞德・羅森貝爾格（Alfred Rosenberg）是納粹意識形態思想家之一，他透過國家社會主義德意志工人黨的意識形態訓練與教育監督辦公室（Office for the Supervision of Ideological Training and Education）涉足文化控制事務。此一機構是由早期的德意志文化奮鬥聯盟（Kampfbund für Deutsche Kultur, KfDK）發展而來，該聯盟在一九二九年成立，目標是對抗「猶太人」對德國文化的影響，在一九三三年後以全新面貌出現。羅森貝爾格的辦公室不但擬訂黑名單、也焚書，並將博物館內任何被認為「墮落」的展示品清空。羅森貝爾格在早期是一位反猶作家，他的《二十世紀神話》（The Myth of the Twentieth Century，一九三〇年出版）是納粹份子必讀書籍。此書假設自由主義已腐蝕了北方人民的優越性，允許「劣等」種族獲得權力，而德國的責任就是要統治他們。一九四〇年時，他建立了一支特遣隊，掠奪被征服歐洲國家的藝術珍寶，並在一年以後成為負責東歐佔領區事務的部長；一九四六年時，他以戰犯身分被判絞刑處死。

納粹旋即壓下了獨立文化組織的聲音。例如當普魯士藝術學院的部份會員簽署了一份請願書，杯葛即將舉行之選舉中的納粹份子時，納粹在普魯士的文化事務官員遂告知學院院長，如果那些反對者不撤回連署的話，就會下令關閉學院。該請願的諸發起人在院長的壓力下隨即辭職；之後院長取得了學院內大多數會員的支持，簽署了一份決議，禁止會員參與進一步的政治活動，並要求會員們致力於民族統一的目標，有些會員由於認為自由受到威脅而辭職，其他人則依行政命令被開除。

焚書

也許沒有任何事更能比公開焚書表達出納粹對文化的態度。詩人海因里希・海涅（Heinrich Heine）觀察到：「你在哪裡焚書，即焚燒民心。」德國學生聯盟以被認為「非德國人」或「被猶太人玷污」的書籍帶頭示範。戈培爾安排了這些戲碼，讓學生們和學者們在當中藉由建議哪些書應該被焚毀的方式，競相表達對新政權的支持。戈培爾透過以下宣告將焚書行為合理化：「學生同胞們，德國的男女們！極端猶太唯理智論的時代終於結束了，而德國革命的成功已再次恢復德意志精神的優先地位……你們將過去的邪惡幽靈送進熊熊烈火之中，這個行為理所當然……這是一個有力、偉大、具象徵性的舉動，此一行動在全世界面前見證了十一月共和消失得無影無蹤的事實。新精神的鳳凰將從這堆灰燼中騰空而起……過去已在火燄中化為灰燼，而未來將從我們內心的火燄裡浮現……我們的誓言在火燄的映照下熠熠生輝，就是：國家、民族和我們的元首希特勒。」

無法符合納粹全新標準的藝術作品，就在公開展覽中遭到羞辱。

觀眾們從最不利的角度欣賞「不入流」藝術的展示，像是用稀疏的燈光和貶抑的標題來詆毀現代藝術（儘管這樣的展示結果證明受到大眾的歡迎）。納粹偏愛與畫報緊密一致的「英雄式」藝術，且在慕尼黑一座新的德國文化之家中展現其藝術偏好。該建築本身就是希特勒喜愛的樣式，即新古典主義加上以軍事等級精密度安排的圓柱；在其內部，陳列品顯示出納粹對權力和單純性慾的著迷：肌肉發達的裸體者和誘人的亞利安少女坐在一塊。希特勒這位失敗的奧地利畫家，他的建築師夢也沒有實現，但終於能夠支配德國文化界。

希特勒的建築師艾伯特・史貝爾（Albert Speer）創造了各種吸引元首的設計。他負責規劃一座龐大的新首都城市，在德國國會附近將會有一座圓形屋頂的建築，使羅馬的聖彼得（St. Peter）大教堂相形失色。這座建築的圓頂直徑達二百五十公尺（八二五呎），內部可容納十二萬五千名觀眾。在這座建築的旁邊將會有一座巨大的凱旋門，可使巴黎的凱旋門（Arc de Triomphe）黯淡無光，還會有一座可容納一百萬人的希特勒廣場，寬闊的林蔭大道，一座希特勒專屬的私人皇宮以及嶄新的德國國會大廈。但就好像納粹一貫路線一樣，這就是形式壓倒實質的勝利：只建造了德國國會大廈。

納粹在紐倫堡舉行的大型集會象徵了一九三〇年代的德國文化。

↓興高采烈的衝鋒隊隊員和年輕的狂熱份子蒐集準備燒毀的書籍和小冊子，光是在 1933 年 5 月 11 日就有二十萬本書籍被焚。

1

約瑟夫·戈培爾
——宣傳頭子

1. 在一場早期的納粹集會中，身材瘦小的戈培爾在衝鋒隊員的簇擁下擺出有男子氣概的姿勢，其中一名衝鋒隊員的頭上還裹著繃帶。

2. 由於沒有在第一次世界大戰時服役，戈培爾總是有一股遺憾，他因為體位異常而不用當兵。就身體上而言，他跟亞利安人的典範還差得遠，然而卻是一位傑出的煽動家，精於媒體操作。

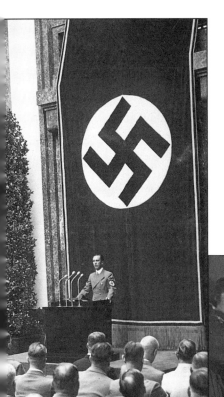

2

3

3. 戈培爾與希特勒共進晚餐。他有一次在日記中寫道：「我愛你，阿道夫·希特勒。」

4. 戈培爾在台上演説時，台下擠滿忠實的支持者。

5. 向觀眾發表慷慨激昂演説的宣傳頭子。戈培爾身為宣傳部部長，控制了所有的寫作、戲劇、舞蹈、繪畫、雕刻、電影和廣播。

6. 1937 年，戈培爾與希特勒在義大利米蘭（Milan）的史卡拉（Scala）歌劇院。

7. 1944 年戈培爾視察柏林市內被炸毀的建築物。在第二次世界大戰期間，戈培爾肩負在本土維持士氣、視察遭轟炸的城市和組織援助工作等任務。

→希特勒的建築師：艾伯特·史貝爾。由於他在納粹戰爭努力中的角色，因而被判處二十年有期徒刑，他是少數幾位承認罪行的資深納粹份子之一。

這些集會證明了就納粹而言，人們從不曾被當成個體看待：四十萬人的集會如實地在紐倫堡一座混凝土結構的體育場舉行，由納粹各級領導人進行熱烈演說。一九三六年的奧林匹克運動會在柏林的一座體育場中舉行，這座體育場的設計是強調要為大批群眾提供巨大開放空間。個體什麼都不是，共同體才是一切；如同納粹份子設想的，納粹藝術是強調客觀永恆事實的宣傳。

音樂也被納粹拍賣了。希特勒喜愛華格納的歌劇，任何事物只要超越華格納的範圍就會被認為值得懷疑。大部份有一技在身的音樂家都被迫離開，前往更自由的社會，任何被認為根本是「屬於猶太人」的音樂就遭到禁止。在整個德國境內，任何反對此一新趨勢的音樂家和指揮家都失業了，所有的音樂都被消毒：保羅·辛德密特的

歌劇《畫家馬提斯》（*Mathis der Maler*）當中的一幕就遭到譴責，因為據說該幕演出了納粹的焚書行為；辛德密特最後避走海外，而德國的損失就是美國的收穫。爵士樂也是納粹的目標之一，因為其被認為是墮落、美式而且屬於「黑人」的音樂。

土地、種族、戰爭和納粹

從一九三三年至一九四五年間，大部份被寫出的、被譜出的、被畫出的和被造出的東西都沒有價值。納粹准許藝術在四個經過仔細管制的主題中盡情揮灑，也就是土地、種族、戰爭和納粹。德國士兵在第一次世界大戰時的行動是一個特別受到歡迎的主題，戰爭成為一種精神上的體驗，而恩斯特·容格爾（Ernst Jünger）的著作就是對此主題進行發揮的最佳範例〔最有名的是他的著作《鋼鐵風暴》（The Storm of the Steel）〕，納粹強調服兵役和犧牲奉獻，軍國主義被置於前衛之上；保守異教徒的意識形態勝過頹廢的現代主義。這些新藝術形式也尋求德國歷史上可以吸引納粹的獨特主題，作家們著重德國人民把歐洲從成群的猶太人和斯拉夫人等劣等種族手中拯救出來的使命。在戈培爾一九二九年的小說《米哈埃爾》（Michael）中，他點出了所有納粹法西斯主義的關鍵想法：第一次世界大戰期間壕溝中生活的同袍之誼（戈培爾從未打過仗，因為他是個跛子）、一九二〇年代的戰後混亂、鋼鐵般意志的重

要性、血統凌駕於頭腦之上、民族和元首之間的神祕關聯、母親的完美典範，以及和頹廢的西方自由主義與共產主義戰鬥的需要。

在戈培爾的領導下，納粹攫取了傳播訊息的新手段，在這點上，無線電廣播顯得格外重要。納粹將所有獨立區域電台集中到中央當局的管控之下，即帝國無線電廣播公司（Reichsrundfunk Gesellschaft, RRG）；納粹也生產價格便宜的收音機，價值七十六馬克，所有的德國人都負擔得起，國民收音機就將納粹的訊息帶進工廠和工作場所中；另一種更便宜、更小的家用型收音機（被稱為「戈培爾之口」），則價值三十五馬克。利用這些收音機設備，納粹將他們的宣傳發送到每一個德國人的家中，政府廣播時，工廠和辦公室職員必須放下手邊的工作，人們在指定的時間集合，以聆聽當局宣布最新消息；納粹甚至計劃要在全德國境內的公共廣場豎立六千支擴音器柱。實際的廣播內容全都是關於納粹勝利的宣傳，並且會以一段感恩祈禱讚美詩和進行曲音樂結尾；一九四二年後，當戰局開始變得對德國不利時，廣播有時會以喪禮進行曲做為結束。

支配了無線電波之後，納粹的下一個目標就是要防止德國人民收聽國外電台廣播，因此收聽外國廣播在一九三九年時成為非法行為。德國人只要遵守這道法律（而違反此法的懲罰相當嚴厲）就可以得到

↓在第三帝國時期，音樂受到嚴格的控制，並強調「日耳曼人的」作曲家，像是十九世紀的理察‧華格納。

↑在慶祝希特勒生日的場合上，賓客們聚集起來欣賞另一項宏大輝煌的納粹建設計劃，也就是柏林的奧林匹克體育場。

每日的「新聞」、戰況報告和音樂；同一時間，當局也會干擾外國的廣播，以防止德國人民收聽到在戰爭期間發生之任何事件的真相。干擾台的代號是「康可第亞」（Concordia），包括將英國賣國賊威廉‧喬伊斯（William Joyce）的訊息送回英國的新不列顛廣播電台（New British Broadcasting Station）〔喬伊斯有一個綽號「呵呵爵士」（Lord Haw-Haw），不過這個綽號首先用在另一個賣國賊，英國人諾曼‧貝利－史都華特（Norman Baillie-Stewart）身上。喬伊斯在戰後被判絞刑處死〕。

納粹宣傳的另一種關鍵媒介是電影。戈培爾在一九三三年設立了一個納粹電影辦公室，負責貸款給願意促進國家社會主義理想的電影製作人。納粹總計拍出了一千五百部電影，這些電影不是宣傳片，就是娛樂片，而且他們都附有每週新聞影片。有了受到控制的無線電廣播電台和電影的新聞影片，一般德國人沒有什麼其他方法可以得知在德國和外部世界真正發生的事。

因為電影製作人的娛樂片必須與任何政治主題保持距離，結果就是造就一系列枯燥乏味的浪漫愛情和冒險電影，至於宣傳片都是受到

歡迎的失敗作品。電影讚揚納粹的良善美德，並美化一九二〇年代左派和右派間的廝殺。在一九二〇年代被共黨份子活活打死的衝鋒隊隊員成為主要的納粹電影主題，如《衝鋒隊隊員布蘭德》（*SA-Mann Brand*）、《希特勒青年團的奎克斯》（*Hitlerjunge Quex*）和《漢斯・魏斯特馬》（*Hans Westmar*）；此外還有一批電影的意圖是用來散播有害的反猶主義訊息，像是《羅伯特與貝爾特蘭》（*Robert und Bertram*，一九三九年）、《紅盾》（*Die Rotschilds*，一九四〇年）、《親愛的猶太人》（*Jud Süss*，一九四〇年）和《沒完沒了的猶太人》（*Der Ewige Jude*，一九四〇年）等等。由於此主題太過極端，納粹必須強迫電影製作人拍攝。這些電影將猶太人描繪成從陰溝裡鑽出來的鼠輩，準備佔領世界，甚至導致觀眾在離開戲院後進行反猶屠殺。他們想要表達的訊息很簡單：在猶太人像老鼠一樣佔領世界之前，德國人必須把他們消滅殆盡。

納粹電影在最好的時候，能夠抓住納粹主義新氣象的本質，就這點來說，沒有任何電影能夠達到芮妮・利芬史塔（Leni Riefenstahl）的境界，尤其是她的《意志的凱旋》（*Triumph des Willens*，一九三五年）和《奧林匹亞》（*Olympia*，一九三八年）。這兩部華麗的作品展示了納粹的大型群眾集會〔《奧林匹亞》被分成二部曲釋出，即〈民族的節慶〉（Festival of the Nations）和〈美麗的節慶〉（Festival of Beauty）〕，戈培爾反對利芬史塔，因為他認為身為文化和宣傳最高主管的地位被她篡奪了，但當她獲得希特勒的親自許可後，就卯足全力拍攝電影〔利芬史塔與戈培爾合作時遭遇嚴重困難，導致她在製作《信念的勝利》（*Victory of Faith*）一片時精神崩潰〕。她的作品大大展示了希特勒的領導魅力，以及一九三〇年代大型群眾集會，加上衝鋒隊隊員們行進時的密集行列帶來之激動人心的效果；利芬史塔在她以一九三六年奧運為主題的電影中再度應用相同的技術（第二次世界大戰後，利芬史塔曾因她在納粹宣傳機器中扮演的角色而被法國人短暫監禁）。

納粹將其一體化政策運用在德國人生活的所有領域中，一九三〇年代的文化和藝術因此遭殃。在約瑟夫・戈培爾的領導下，順從和控制取代了創造力，德國人享用了經過精心策劃的文化饗宴，其意圖是使納粹主義更能被人接受，並使德國人準備好面對戰爭的考驗；藝術不再是個體自由的表達，反而變得難以與宣傳區分開來，並且在形式和編排上諷刺地和蘇聯的官方藝術相近。德國人民在一九三〇年代還能夠相信這些宣傳，但到了一九四二年之後，隨著盟軍開始對德國城市進行轟炸，德軍也從各條戰線上敗退，傷亡人數不斷增加，即使是戈培爾也無法繼續隱瞞真相。

恐怖降臨

一旦上台，希特勒就開始無情對待那些反對他的人，甚至是從前的同志。納粹在獲得權力的過程中最戲劇化的一幕，就是清洗被認為是新政權威脅的納粹同志。此一如芒刺在背的威脅集中在恩斯特‧羅姆身上，他是一個強硬、矮胖的男人，自從一九二〇年代初期開始就成為希特勒的密友。羅姆在第一次世界大戰期間曾三度負傷，他的身上因此留下傷疤，鼻子有一半不見了，臉頰上則有槍傷的疤痕。如同我們知道的，羅姆在一九二〇年代

創建了衝鋒隊，為納粹而戰；就是羅姆率領的褐衫衝鋒隊打贏了與共黨份子的巷戰，而希特勒在一九三三年之前也十分感謝羅姆的協助，他公開地說他想要「感謝上天賜予我這個權利可以稱呼一個像你這樣的男人為我的朋友和戰友」。然而一旦上台之後，希特勒逐漸發現羅姆使他左右為難，並且成為一個可替代的權力中心。羅姆和其他像是葛瑞果爾‧史特拉瑟（Gregor Strasser）的納粹份子在一起，形成了納粹主義的「左翼」分支，強

←←衝鋒隊隊員行經印有典型猶太人圖片的公告旁。《衝鋒隊隊員》是一份納粹週報，該報運用這類圖片做為其反猶聖戰的一部份，會讓希特勒從頭讀到尾的也只有這份報紙。

←「配戴這個標誌的人，不論是誰，都是人民的敵人。」此為戰前德國的反猶海報。

調國家社會主義德意志工人黨「社會主義」的那一面，並呼籲進行第二次工人革命。對羅姆來說，納粹運動是一個工人階級的運動，而革命是一個永久的狀態；另一方面，希特勒在企業家、政治家和陸軍軍官等德國反動派菁英的協助下，於一九三三年獲得政權。

羅姆使那些協助希特勒掌權的

德國武裝部隊和資深實業家感到不安，而希特勒明白他必須滿足那些新支持者。德國武裝部隊懷疑羅姆懷有更大的陰謀，一名職業軍官回憶起他的同袍們是多麼不喜歡傲慢自負的衝鋒隊：「一個人會排斥衝鋒隊是出於他們的言行舉止、看起來的樣子、行為的方式……大部份的士兵都討厭他們。」希特勒試著說服羅姆改變思考路線，一九三四年六月四日，他花了五個小時，企圖約束羅姆想要繼續革命的願望。在經過幾次這樣徒勞無功的會談後，希特勒做出結論，認為只剩下武力解決一途了，因此在一九三四年六月，希特勒親自領導忠誠的黨衛軍，對衝鋒隊進行血腥的整肅行動。超過一百五十名衝鋒隊高層人士被行刑隊槍決，當中許多人在臨死前高喊「希特勒萬歲！」因為他們根本不明白為什麼會遭到處決。羅姆本人則拒絕用留在他牢房裡的左輪手槍自殺，因此兩名黨衛軍被迫處決他。如同艾倫・布爾洛克（Alan Bullock）在他的《希特勒：暴政的研究》□Hitler: A Study in Tyranny）一書中敘述的：「希特勒下令在（羅姆）的牢房內留下一把左輪手槍，但羅姆拒絕用它來自殺：『如果要殺我，讓希特勒本人親自動手。』」在一九五七年於慕尼黑舉行之一場針對涉入本案者的審判中，根據一位目擊證人的說法，他接著被兩名黨衛軍軍官近距離槍斃，他們對著他射光左輪手槍裡的所有子彈：『羅姆想要說點什麼，但黨衛軍軍官叫他閉嘴，然

↓希特勒與羅姆。羅姆是一名有戀童癖好的同性戀者，在 1934 年時被希特勒視為威脅，並被效忠元首的黨衛軍人員殺害。

後羅姆就立正站好，他的上半身被脫個精光，臉上充滿蔑視的表情。』」

　　當接近希特勒的納粹份子抓緊這個機會解決宿怨時，許多和羅姆沒有關連的納粹和非納粹人士也在「長刀之夜」的接下來幾天當中被槍斃。舉例來說，赫曼·戈林嫉妒庫特·馮·施萊赫爾將軍的地位和影響力，便想辦法把這位退休的將軍槍決了；被派去執行這項工作的殺手也槍殺了將軍夫人，並威脅他十四歲的繼女不得告發他們，否則也會遭受相同的命運；在慕尼黑，高齡七十五歲的古斯塔夫·里特·馮·卡爾（Gustav Ritter von Kahr）因為在一九二三年時粉碎了

希特勒的「啤酒館政變」，他因此被人從家裡拖出來，活活毆打至死，接著遺體被肢解後拋棄在一處沼澤中。不過在混亂狀況中也發生許多錯誤，一名受到尊敬的音樂評論家威利·許密德（Willi Schmid），被誤認為是一位叫威利·許密德特（Willi Schmidt）的人，因而不幸被誤殺。希特勒手下第二號人物魯道夫·赫斯旋即拜訪許密德的夫人，表達他的弔唁，發給她一筆撫恤金，並表示要將她丈夫的死視為是「偉大的犧牲」。

　　在所有的殺戮逐漸平息後，希特勒以這些令人心寒的文字做出結論：「在這一刻，我為德國人民的命運負責，因此我就是德國人民的

↑在一座德國城市內遊行的褐衫隊隊員。他們會攻擊猶太人、破壞猶太人經營的商店，並阻止顧客入內消費。

最高仲裁者……每一個人都一定要知道，在未來所有的時間中，如果有人膽敢舉起雙手來打擊國家，他就只有死路一條。」之後，內政部長威廉·弗里克（Wilhelm Frick）制定了一部特別的法律，宣布希特勒在清洗期間所有行動都是合法的，順從的德國國會無異議地通過了這項法律。對付昔日同志的「長刀之夜」證明了新政權的殘忍無情，且預示著即將降臨的恐怖；對左派、被歸類為劣等種族者和在某方面被視為不被社會接納的人來說，同等殘酷的命運正等待著他們。

↓從 1933 年起任內政部長的威廉·弗里克，他得為使猶太人成為次等公民的 1935 年紐倫堡法負責。

如同我們已經看到的，阿洛伊斯·菲勒是一位共黨份子，德國共產黨的黨員。儘管大部份共產黨員在納粹上台後就轉趨低調，菲勒還是於一九三四年重新展開他的老共產黨青年團活動。這是一個英雄般的舉動，但在面對一個如納粹般殘忍的政權時，它注定要失敗。菲勒被一名女性雙面間諜（同時為納粹和共產黨工作的某人）出賣，而他就被蓋世太保逮捕了。菲勒在監獄裡遭到痛毆及殘酷虐待，他的鼻子被打斷，還被人用皮帶抽打到不省人事：「當我再度清醒時，他們又揍了我一頓，然後我又失去知覺，於是他們便住手了，因為我什麼也不肯透露。」然後蓋世太保就改變訊問技巧，一個人把他的自白書翻面蓋住，而只要菲勒每答錯一個問題，另一個人就不斷地毆打他的臉部。負責打他的警察打到右手扭到，就改用左手，就這樣把菲勒的耳膜打裂了：「然後我聽到不可思議的喧鬧聲……那是一種轟鳴聲，就好像把頭靠在海床上聽到的那種令人不敢置信的轟鳴聲。」菲勒接著就流血了，蓋世太保把水桶和拖把拿來，並命令他把地板上的血跡清乾淨。隨後他就被關進單人牢房，後來被送進集中營，接著就在集中營裡受苦，直到一九四五年。

反猶主義

當納粹德國把其種族主義教條編纂成一系列法律規章和謬誤理論時，猶太人就淪為主要的目標，然而納粹對猶太人的政策在整個一

九三〇年代間均有變動。首先是在一九三三年的選舉之後發生一連串偶發攻擊事件，在伍爾茨堡（Würzburg），一名猶太男性因為和非猶太人女性發生關係，就遭到公開羞辱，並且監禁。衝鋒隊的暴徒們深入全德國境內的大小村落，負責攻擊猶太人家庭，許多猶太人因而遭到毆打；猶太人的鬍子被剪掉，或是被強迫喝下蓖麻油。盧迪·邦柏爾（Rudi Bamber）的家族是猶太人，定居在紐倫堡，一九三三年時，衝鋒隊來到他家，並且「把我父親抓走，還有其他許多住在紐倫堡的猶太人，他們被帶到一座體育場中，那裡的草地非常茂盛，然後他們就被迫用把草吃進肚子裡的方式來除草……此舉羞辱他們是劣等種族當中的最劣等人。」

不久之後，納粹開始抵制猶太人經營的商店，商店的門口被人用油漆胡亂塗上禁止進入的字樣，而衝鋒隊隊員就在門口站崗，威嚇那些仍然願意上門消費的顧客。一九三五年時，紐倫堡法將納粹的反猶主義變成法條，猶太人失去德國的公民資格，並被禁止與「亞利安人」通婚；一九三六年和一九三七年時，經濟部長沙赫特因為擔心迫害猶太人所帶來的經濟上不良後果而提出抗議，再加上奧林匹克運動會於一九三六年在柏林舉行，對猶

↑一旦納粹上台，他們就毫不憐憫地對付所有實際上或想像中的反對者。這張照片是在「長刀之夜」時拍攝。

太人的壓迫因此暫時緩和，但種族憎恨依然存在。

在整個一九三〇年代，猶太人被迫離開企業，並遭受抵制。阿農·塔米爾（Arnon Tamir）的父親經營一座香菸工廠，不過他馬上遇到問題，因為該城的香菸業者雖然一向和他關係良好，卻不能再販售他生產的香菸；這樣的抵制還不到兩個月，香菸工廠就只得關門大吉。而在公職方面，納粹也通過立法，禁止雇用猶太人。

阿農·塔米爾在反猶主義的恐怖氣氛中成長，因而玷污了他對非猶太人德國女孩的態度：「光是變得更友善，或更進一步地與一個德國女孩交往的想法，從一開始就被那些宣稱猶太人正在汙染他們的可怕卡通漫畫和標題壓抑了。」在受到大眾歡迎的報刊上，納粹漫畫將猶太人描繪成意圖染指清純德國少女的淫蕩惡魔，展現出猥褻的一面。當塔米爾在一處建築工地工作時，他無意間聽到一名納粹黨員表示，村裡的一名猶太女人是個女術士，他聲稱她可以把自己變成一匹小馬。如此粗糙的反猶主義曾經是一股在歐洲社會流傳了幾世紀之久的思緒，然而現在卻受到一個組織健全的現代化國家政府積極鼓吹煽動。

一九三八年，納粹對猶太

←←猶太人經營的商店是納粹攻擊目標。那些沒有被砸毀的店舖就會被「強佔」，並轉移給「亞利安人」。

↓《衝鋒隊隊員》報的老闆，同時也是法蘭科尼亞（Franconia）黨部主管的優利烏斯·史特萊赫（Julius Streicher），提出了一句口號：「猶太人是我們的災難。」這就是典型的納粹反猶主義。

人的迫害引爆了「水晶之夜」（Kristallnacht）。由於一名波蘭籍猶太人在巴黎暗殺一位德國外交官，戈培爾徵詢希特勒是否能出動衝鋒隊來對付德國的猶太人；希特勒同意此一要求，攻擊於十一月九日展開。在全德國境內，猶太人的住家通通遭到襲擊。對邦柏爾一家來說，他們所知道有關水晶之夜的第一件事，就是當納粹暴徒打破他家大門的那一刻，衝鋒隊隊員們接著就搗毀了他們的住所；警察袖手旁觀，畢竟進行破壞的人身上穿著制服。「有三名上了年紀的女士跟我們一起住在一樓，」盧迪·邦柏爾回憶到，他在那時還只是個男孩。「有一個被拖出去毆打，不分青紅皂白，除了她礙到了什麼之類的。而我也被痛打一頓，最後倒在地下室裡……那天晚上有許多人被逮捕，顯然他們本來也打算逮捕我。但是不久之後他們發現帶頭的已經回家了，很明顯地他已經受夠了，而他們對此相當惱怒。那些人不打算浪費更多時間，因此很快地給了我一腳，並叫我滾蛋……然後就出去了，把我留在原地。」當盧迪回到父母的房間時，他發現父親已被納粹份子活活打死：「我整個人呆住了，我不能了解為什麼會發生這種狀況……對一個他們不認識的人毫無理由地施加暴力。」

一般人用這種駭人的暴力對付德國同胞。有個人回憶起，雖然水晶之夜是個衝擊，「但當群眾大喊『萬歲』時，個人又能做些什麼？你一個人附和，我們一起附和。就是這樣子，我們只是跟著做而已。」不過此一爭論的方向並無法解釋在水晶之夜後的早晨，紐倫堡那些人朝邦柏爾家的窗戶丟擲石塊的行為。水晶之夜結束後，總計有超過一千座猶太教堂被毀，還有高達四百名德國猶太人遇害；在十一月十日的早晨，人們發現德國各城市的馬路上到處都是碎玻璃，閃閃發亮，這一連串的暴行因而被冠上「水晶之夜」之名。世界輿論為這一夜所發生的事件感到震驚，美國人召回大使，德國的貨品也遭到強烈抵制，但世界輿論對德國境內被孤立的猶太人社群卻愛莫能助。

在此一集體迫害後，猶太人在德國的地位每況愈下。納粹通過差別待遇法案，目標是創造一個「無猶太人」的經濟，具體做法是禁止猶太人進行貿易，或是擁有商店、市場攤位或公司企業，猶太人的公司企業被「亞利安化」，也就是被強制賣給非猶太人的德國人；當局隨後禁止猶太人進入學校、大學、電影院、劇院和運動場，以及城市中被指定為「亞利安人」專屬的特定區域。當地德國人熱心地執行這些法律，於是到了一九三九年戰爭爆發時，猶太人正一步步地淪為德國社會中的賤民。

就在這些政策與措施變得益發嚴厲的時候，經濟部長沙赫特被免職了。沙赫特曾經基於反猶政策傷害德國經濟的理由做了一些事，以緩和納粹嚴酷的暴行；不過一旦換成戈林接手，他的目標卻是要創造出一個「無猶太人」的經濟，而且

愈快愈好，這就跟水晶之夜之類的事件同時發生。此外反猶政策也是納粹決策體系的最高層陰謀策劃的結果，舉例來說，當媒體披露出戈培爾的種種花邊新聞後，戈培爾急於迎合希特勒，而水晶之夜就是他奉承希特勒的手段。

希特勒從未背離他的反猶主義。當一九三九年歐洲戰雲密佈時，他告訴熱情的德國國會：「（如果）歐洲裡裡外外的國際猶太人的資金，成功地將各國捲進另一場戰爭中，其結果將不會是地球的布爾什維克化和猶太教的勝利，

而會是歐洲猶太民族的毀滅。」同一時間，他告訴捷克外交部長：「我們將消滅猶太人，他們絕對要為在一九一八年十一月九日的所做所為付出代價。」此一說法涉及猶太人和馬克斯主義者強迫德國在一九一八年十一月投降的觀點，但毫無事實根據。

除了迫害之外，納粹也施行一項鼓勵猶太人移民海外的政策。早在一九三四年，黨衛軍的一個計劃小組即建議實施一套有秩序且系統性的大規模移民政策，來解決「猶太人問題」。然而此一政策並未成

↓圖為 1941 年在巴黎舉行的一場反猶展覽。一旦戰爭展開，德國的反猶主義就擴散到被佔領的歐洲地區。

海因里希・希姆萊
—黨衛軍太上皇

1. 希姆萊視察武裝黨衛軍部隊。

2. 希姆萊和他的妻子瑪嘉芮特（Margarete），她比他年長七歲，並引起他對順勢醫療法、催眠術和運用草藥的興趣。

3. 就像許多納粹份子一樣，希姆萊在第一次世界大戰加入陸軍服役，於第 11 巴伐利亞步兵團中擔任見習書記。

4. 希姆萊與帝國安全總局局長恩斯特・卡爾騰布倫納（Ernst Kaltenbrunner，右側臉上有傷疤者）。

5. 希姆萊在 1942 年視察奧許維茲。鑒於他在大屠殺中扮演的角色，足以被判處絞刑，然而他於 1945 年 5 月被英軍監禁期間服毒自盡。

6. 希姆萊在冰天雪地的芬蘭視察駐紮於當地之武裝黨衛軍部隊。德軍部隊與芬軍聯合對抗蘇軍，直到 1944 年。

7. 1944 年，希姆萊與麾下的黨衛軍軍官。到 1945 年時，武裝黨衛軍達到一百萬人之眾，他的「事業版圖」牢牢控制著二十座集中營和一百六十五座勞動營。

↑隨著德國併吞奧地利，維也納的猶太人被迫清洗市區街道。納粹利用了奧地利濃厚的反猶主義傾向。

功；到了一九三七年，德國的五十萬零三千名猶太人中只有十二萬人離開。當奧地利在一九三八年被併吞時，境內的一萬九千名猶太人就加入了第三帝國；此一增加數字令納粹當局驚駭不已，他們執行一項強制沒收猶太人財產的政策，迫使四萬五千人在六個月內離開。這項行動由阿道夫‧艾希曼（Adolf Eichmann）領導，他在第二次世界大戰結束後逃往南非，但在一九六○年時被以色列特工逮捕，一九六一年於以色列接受審判，隨後被處決。一九三七年時，艾希曼曾實際走訪巴勒斯坦（Palestine），與當地的阿拉伯人領袖會面，希望能夠迅速處理猶太人事務。一九三九

年時，又有七萬八千名猶太人被迫離開德國，但也因為納粹德國兼併捷克斯洛伐克領土而多了另外三萬名猶太人。為了努力找尋願意接受這些猶太人移民的國家，納粹甚至與錫安主義（Zionist）組織合作，熱衷於在歐洲以外的地方建立一個猶太人國家。

　　納粹在一九三○年代開始建立集中營。「集中營」（concentration camp）一詞最先是在一八九九年至一九○二年南非戰爭〔又稱「波爾戰爭」（The Boer War）〕的歷史背景下出現，英軍部隊在當地「集中」荷裔南非人（Afrikaaner）的婦女和兒童，以防止他們協助波爾戰士，大約有二

萬名婦女和兒童由於英國當局疏於照顧而死於營中。當希特勒上台後，他相當有興趣為德國尋找另一種形式的集中營；他在當上總理之前曾對一位密友表示：「我們一定要鐵腕無情！我們一定要恢復我們純潔的道德良心，不被情感左右，只有如此才可以滌除人民的軟弱和情感上的庸俗……還有他們痛飲啤酒時的頹廢樂趣。我們沒有時間追求高尚的情操，我不希望集中營變成監獄。恐怖是最有效的手段，我不會只因為一大堆愚蠢的中產階級窩囊廢自做自受就改變這種想法。」

由於抱持此種思想，納粹一上台就迅速建立了集中營，公開宣稱要「改造」政治上的反對者，並且把反社會人士轉變為對社會有益的成員，這根本是胡說八道。一九三三年二月二十八日，納粹通過一條法律，中止了德國憲法中保障個人自由的條款，之後就建立了三座集中營，分別是南方慕尼黑附近的達豪（Dachau）集中營、德國中部的布亨瓦爾德（Buchenwald）集中營和柏林附近的薩克森豪森（Sachsenhausen）集中營。集中營的第一批囚犯是猶太人和共產黨員，但很快地，社會主義者、民主派人士、天主教徒、新教徒、和平主義者、耶和華見證人派教徒、神職人員還有甚至是持不同意見的納粹份子就擠滿了集中營；為了配合需求，納粹還建立了其他集中營：拉凡斯布呂克、貝爾森（Belsen）、大羅森（Gros-Rosen）和帕本堡（Papenburg）。當奧地利被併吞後，納粹建立了毛特豪森（Mauthausen）集中營，然後是一九三九年在捷克斯洛伐克的波希米亞區域設立之特芮辛施達特（Theresienstadt）集中營；隨著波蘭被征服，納粹接著在東方建立了滅絕營，以實施所謂的「最終解決方案」。

一九三〇年代時，集中營的狀況已極度令人不堪。黨衛軍的警衛都是從納粹份子當中挑選出最頑劣的人，奴役挨餓且不時遭毆打之囚犯，直到超過他們體能可忍耐的極限。刑求是家常便飯，而囚犯被分成四群：政治上反對納粹主義的人、被歸類是劣等種族的人、罪犯以及被認為具反社會性格之無能者。第二群（也就是被歸類是劣等種族的人）被清楚標示，以給予特殊待遇。罪犯又被分成兩群：限期預防性監禁囚犯（Befristete Vorbeugungshäftlinge, BV）代表那些曾經進過監獄的人，以及安全管束（Sicherungsverwahrte, SV）的犯人，他們是實際上正在服刑的犯人。在德國社會中某一個範圍的人都算是政治異議份子，從收聽非法無線電廣播的聽眾，到那些積極反對第三帝國的人都算；至於「無能者」則包括同性戀，他們被挑出來進行恐怖的去勢實驗，以「矯正」他們的性傾向。

所有囚犯在衣物上的左胸和右腿部位都縫有布章，此外在許多集中營中，犯人的左前臂會被刺上一個系列編號。所有的政治犯

布章是紅色的，罪犯是綠色的，「無能者」是黑色的，同性戀是粉紅色的，吉普賽人是棕色的，而猶太人的布章則是由兩個黃色的三角形組成的六角大衛之星（Star of David）。集中營裡的外國人則由字母辨識，F 代表法國，P 代表波蘭，A 則是註明為勞動懲戒犯人（A 代表 Arbeit，也就是德文中「工作」的意思）。那些被視為「愚笨」的人則被加註「低能」（Blöd），被認為可能有逃亡風險的犯人則必須穿著在前胸和後背處縫上紅白標靶圖案的衣服。

除了猶太人之外，在德國境內很少有族群獲得的待遇會比吉普賽人的還要殘忍。吉普賽人的兩支主要族裔，辛提人（Sinti）和洛馬人（Roma），於西元十五世紀移居至德國，儘管有許多人皈依基督教，但這並不能保護他們免於迫害。同情納粹的德國人把和他們有關的每一件事都視為錯誤，像是蓬頭垢面、四處流浪等，而且他們的風俗習慣及語言也和周遭的德國人格格不入，此外根據納粹的新種族科學，他們被視為慣竊和慣犯。基於所有這些理由，吉普賽人迅速遭到圍捕，並被送進集中營。一九三九年九月，在柏林一場由海德里希主持的會議上，與會者一致同意一套針對吉普賽人的種族滅絕計劃，而他們就開始在集中營裡遭到殺害。

←←1933 年 4 月官方展開杯葛猶太人店家的行動；1937 年時，猶太人的企業會在沒有合法正當理由的狀況下被沒收。

↓魯道夫‧赫斯是納粹的第二號人物，直到他在 1941 年試圖與英國和談時古怪地駕機飛往英國為止；他最後在 1987 年死於史班道（Spandau）監獄中。

可回溯至一八七一年的國家犯罪法典第一百七十五條詳細表明，男性間的性關係是犯罪行為，須施以監禁懲罰。此條法律在威瑪共和期間並未嚴厲執行，而在一九二〇年代，希特勒對於他的一些同性戀部下也是睜一隻眼閉一隻眼，當中最有名的就是羅姆，他是一位活躍的同性戀者；不過當羅姆的名聲隨著「長刀之夜」敗壞後，希特勒就支持以最嚴酷的方式來對待同性戀者。黨衛軍首領希姆萊宣布，任何黨衛軍成員被發現是同性戀者，就會「依照我的命令被送進集中營裡，只要試圖逃跑的話就會被槍斃」。希姆萊也負責建立一個所有已知同性戀者的中央檔案室，還有一個專責打擊同性戀的辦公室。一九三〇年代末期，迫害行動腳步加快，約有一萬五千名同性戀者被送進集中營裡，許多人在營中遭到羞辱、刑求、去勢，甚至被殺害。

「反社會者」

為了將某些特定行為入罪化，國家犯罪辦公室於一九三八年以最普遍的方式，將「反社會者」定義為不適合融入所謂「人民共同體」的任何人，這些人包括流浪漢、吉普賽人、乞丐、賣淫者、酗酒者和任何「不愛工作」、流浪和行為反常的人。有了這種一網打盡的分級方式，納粹可以任意給某人貼上「反社會者」的標籤，並把他送進集中營裡，再加上防止遺傳疾病後代法，不幸的「反社會者」甚至會被強制絕育。他們幾乎沒有恢復名譽的機會，只會一直被監禁，或是死路一條。

罹患精神疾病的人也被挑出來給予「特殊」待遇。納粹長久以來一直想要滅絕他們，但是輿論強烈反對任何「安樂死」的計劃（基督徒和許多德國教會對此特別反對）。一九三五年時，希特勒告訴帝國醫師領袖華格納博士，大規模殺害精神病患的計劃必須等到戰時才會比較容易執行，但不久之後，一名父親在一九三八年將請願書送交希特勒，他在信中要求結束畸形兒子的生命；由菲立普·伯勒（Philip Bouhler）為首的元首總理府的官員們決定，此一請願書應呈交給希特勒，而不能只由部級官員處理。希特勒之後將決定權交給一位私人醫師卡爾·布蘭特（Karl Brandt），他成立了一個帝國嚴重遺傳與先天疾病科學登記委員會。此一機構要負責處理由德國各地的醫生、護士和助產士寄來的報告，他們等著了解要如何處理畸形兒；這些報告由三名醫師以紅色的加號（代表處死）、藍色的減號（可存活）與問號（需要更進一步評估）進行評分，而得到紅色加號評分的兒童就會被注射致命毒液進行安樂死。

精神疾病

蓋爾達·貝恩哈特（Gerda Bernhardt）的家庭就是數以千計中「安樂死」政策的受害者之一。蓋爾達最年幼的弟弟曼弗列德（Manfred）是個弱智兒童，當他

十歲時，能說得出口的話不外是「媽媽」、「爸爸」，還有「希特勒萬歲」──這是他引以為傲能夠發出聲的字眼。鄰居建議最好是能夠「拋棄」他，但曼弗列德的母親堅持拒絕。最後在丈夫的壓力下，曼弗列德的母親同意將曼弗列德送往多特蒙（Dortmund）一間叫阿波樂巴克（Aplerback）的兒童醫院。貝恩哈特先生安慰他的妻子，說如此一來曼弗列德可以在醫院的農場上和動物一起工作玩耍。曼弗列德的家人每兩週就會探望一次，所有一切都獲得許可，但他們很快地發現曼弗列德變得瘦弱且冷淡，不久之後便去世了。醫院當局表示他的死是自然因素導致，但當蓋爾達前往探視他的遺體時，卻發現醫院的太平間裡有許多蓋上白色床單的兒童屍體。

　　阿波樂巴克醫院到底發生了什麼事？保羅‧

艾格爾特（Paul Eggert）的父親是個酒鬼，有暴力行為；保羅在十一歲時被強制絕育之後，被送往阿波樂巴克醫院，成為一名「少年犯」。差不多於曼弗列德去世同時，他就在那裡；因為他不是精神病患者，所以他就在醫院裡

↓一名德國猶太人配戴黃色的大衛之星標誌；自 1941 年 9 月起，德國境內的猶太人都被強迫配戴此標誌。

裡外外做些奇怪的工作。艾格爾特回憶，他在醫院內把兒童的屍體推來推去，還有院內的一位資深醫師維納‧森根霍夫（Weiner Sengenhof）如何在用餐時間「選擇」兒童進行免疫注射，小朋友們都知道那些被選去進行「免疫注射」的伙伴就再也不會出現了；在診療室外，一名被護士強拉進房間的兒童大聲呼救，緊抓著艾格爾特不放。艾格爾特在晚年憶起當時的情況：「當我晚上躺在床上時，這些畫面會一幕幕地在我眼前閃過，直到今日仍然歷歷在目。」在阿波樂巴克負責管理特殊兒童單位的泰

歐‧尼貝（Theo Niebel）醫師一直在該單位服務，直到一九六〇年代才退休。

納粹對患有精神疾病的成人也進行類似計劃。在六所經過挑選的精神病院中，透過特別訓練的黨衛軍醫師和護士小組從一九三九年底開始準備實際的滅絕作業。成人病患被送進偽裝成淋浴間的毒氣室殺死，或是機動的箱型車內用一氧化碳毒死（後者只是把汽車廢氣灌進密閉箱型車內空間的簡易應急措施），接著這些屍體會交給特別建造的火葬場處理。新聞媒體很快地披露了這些行動，接著就上演了可

↓奧許維茲－比爾克瑙集中營的女性囚犯正集合接受點名。這些婦女的頭髮已經被剃光，然後會被刺上囚犯編號。

怕場面，有部份精神病院的職員試圖保護病人不被交給黨衛軍。病患的親屬們通知神職人員和司法當局，一名對伯勒提起犯罪訴訟的法官迅速辦理退休。這些抗議多少有些效果，來自天主教會高層的壓力迫使希特勒在一九四一年八月取消滅絕計劃，但在這之前已有七萬零二百七十三人遇害。當德國人為「猶太人問題」尋找「最終解決方案」時，他們改良用來毒死精神病患者的毒氣滅絕方法，而且規模也跟著擴大。

一般德國人對運用恐怖手段對付特定族群的看法又是什麼呢？令人遺憾的是，當談到要運用恐怖手段對付行為不標準者、或是屬於不標準類型的人時，此舉得到大多數人的認可（而說德國人對此一無所知的藉口並不可信，因為納粹的恐怖手段具有高曝光率，被傳播媒體記錄，並由國家領導人在國會的演說當中賦予合法性），甚至連部份批評納粹政權對政治異議者進行拘留或刑求的人士，也贊同將諸如職業罪犯、吉普賽人和同性戀者長期監禁。

不過對多數德國人來說，持異議並非一個選項，他們對於正在發生的事的唯一回應，就是閉上眼睛，因為納粹在取得政權後，已採取各種方法來剷除異議份子。隨著一九三三年二月德國國會大廈縱火案的發生（德國國會大廈在一場蓄意縱火中被燒成灰燼，這起事件對納粹來說是上天賜予的禮物，他們利用這件事來鞏固權力），當局頒布了一道暫時取消所有公民自由的法令，而此一法令在三月成為憲法條文，共產黨在同一個月就被查禁了。納粹強化了他們如鋼鐵般的控制，儘管緩慢但千真萬確。希特勒宣布五朔節為「民族勞動日」，使該日成為有給薪假日，這是德國工人們長期以來盼望的；然而在五月二日，納粹就出動衝鋒隊，進行經縝密策劃、有如軍事行動般的作戰，佔領了德國各地的工會辦公室，接著所有勞工組織都被併入德意志勞動陣線。

當然，攫取並維持控制權力並不只是通過各項法律和命令，在這些措施的背後就是運用恐怖手段。一九三三年的春季，衝鋒隊、黨衛軍、蓋世太保和警察的旗下各單位，將城市和鄉鎮的所有區域封鎖，然後挨家挨戶搜尋（這些搜索行動都經過仔細策劃，時常動員數百名人力），把整個封鎖區翻箱倒櫃地搜了一遍，連石頭底下都不放過，以找出任何被認為反納粹的人或物。威脅、毆打和濫捕伴隨這類襲擊行動而來，營造出害怕與無可奈何的氣氛，隨後蓋世太保監視體系的發展使抵抗運動變得相當艱困且危險重重。「在一九三三年春季的納粹恐怖後，再加上蓋世太保監視機構的系統性發展愈來愈完備，抵抗運動只能由下定決心的少數人進行，『大規模抵抗』之結構上先決條件並不存在。」〔戴特勒夫·波伊凱特（Detlev Peukert）〕

旋風般的勝利

在納粹統治下，德國成為一個高度軍事化的社會，希特勒為了滿足他建立一支龐大陸軍的願望，再度實施了男性普遍徵兵制。當德國陸軍在一九三九年實施動員以進行作戰時，其人數已經從一九三三年的十萬名職業軍人成長至將近四百萬人。隨著戰爭持續進行，軍事投資也跟著增加，傷亡數目升高，因此國防軍愈來愈需要降低免服兵役的人數，以仔細張羅人力來進行軍事作戰，不但入伍的年齡降低，徵兵的範圍也跟著擴大。到了一九四三年，德軍一共武裝了九百五十萬人，雖然實際的數字在之後由於持續增加的損失和不斷減少的替補人力而降低，但在戰爭的最後幾個月裡，差不多任何男性，甚至還有部份婦女，只要是拿得動步槍，甚至僅僅是一支鐵拳（Panzerfaust）反戰車武器的都被迫入伍服役。在一九三九至一九四五年間，大部份德

←←巴巴羅沙作戰期間，德軍士兵在俄國迅速越過一列起火燃燒的火車。在戰爭的最初幾年，國防軍勢如破竹，所向披靡。

↓1941 年，大獲全勝的德軍在雅典（Athens）遊行。

國成年男子都會在國防軍下的某一軍種待上一段時間，實際情況就是這樣，因此若要對這一段時期中的德國有任何瞭解，他們的經驗就相當重要。

希特勒不希望英國和法國為了波蘭參戰，只希望他們對他提出的要求讓步，反正他們在過去已經讓步過那麼多次了。他充滿自信地預測：「英國人將會棄波蘭人於不顧，就像他們棄捷克人於不顧一樣。」所以在一九三九年八月三十一日下午十二時三十分，希特勒勝券在握，為戰爭指導發佈了第 1 號元首指令：

「1. 現在對德國而言，局勢已忍無可忍，用和平手段加以處理的所有政治可能性已消耗殆盡，我下定決心動用武力解決。」

「2. 我們將進攻波蘭。

進攻日期：西元一九三九年九月一日

攻擊時間：清晨四時四十五分。」

當黑夜變長時，一百五十萬德軍部隊向德波邊界上的攻擊發起點移動。希特勒需要為他的行動找藉口，因此就籌劃了幾場針對德國領土的「波軍攻擊」，當中首要事件是一場假想的襲擊，目標是格萊維茨（Gleiwitz）的無線電站。穿著波軍制服的黨衛軍官兵負

↓1939 年，由馬匹拖曳的德軍火砲穿越華沙市區。從本圖中可以看得出來這座城市曾遭受德國空軍的猛烈空襲。

責執行此一任務，殺害數名被麻醉的集中營囚犯以提供相配的逼真傷亡，此一行動的代號為「罐頭商品」（Canned Goods）。黨衛軍指揮官阿爾佛瑞德‧瑙尤克斯（Alfred Naujocks）在紐倫堡大審中敘述這起事件：「八月三日中午，我接到了海德里希〔安全警察（Sicherheitspolizei領導人）〕發出的進攻代號，指示在當晚八時展開攻擊。海德里希表示：『為了實施本次攻擊，向（蓋世太保的）穆勒報告「罐頭商品」。我如實照辦，並給予穆勒指示把人（實際上在這個例子裡並不是集中營的犯人，而是一位持親波蘭觀點的當地人士）安排送到無線電站附近。我

接到人，在無線電站的入口處把他放下來。他還活著，可是毫無意識。我試著把他的眼睛撐開，但我不能從眼睛、只能從呼吸來確認他還活著。我沒有看見任何槍傷，但他滿臉是血，穿著便服。我們依照命令攻佔了無線電站，並透過緊急發報機廣播了一段三至四分鐘的講話，用手槍開了幾槍，然後離開。』

現場照片被拍攝下來，而希特勒就於一九三九年九月一日在德國國會宣布：「波蘭常備陸軍的部隊在夜間攻擊我國領土，我們已於清晨五時四十五分進行回擊。」第二次世界大戰已經開打，衝突隨即擴大。英國和法國履行她們對波蘭的

↑1939 年 9 月，德軍看守波軍戰俘。在長達一個月的波蘭戰役中，大批波軍部隊被迅速前進的德軍戰車包圍。

保證，於九月三日向德國宣戰。

對德國來說，當勝利一場接著一場到來時，這是一段幾乎沒有間斷的凱旋，然而沒有幾個德國人因為聽到一九三九年九月一日的消息而感到高興。美國記者威廉・許瑞爾在當天早晨的日記中表示：「他們高談闊論，每一個人都反對戰爭。一個國家怎麼能在她的人民如此堅決反對的時候發動戰爭呢？」一名年輕的軍人保羅・史特芮瑟曼（Paul Stresemann）在回到波蘭邊界上的單位前為此感到心神不寧：「我大吃一驚，並向我的雙親和女友道別。」家庭主婦海狄・布倫德勒（Heidi Brendler）雖然長期以來身為希特勒的支持者，卻感覺到：「這整件事是個相當糟糕的衝擊，因為我們所有人始終都認為，政治人物們到最後會發揮判斷力，並避免戰爭發生。我突然明白丈夫和哥哥都會陷入險境，我非常擔心他們。」德國並沒有出現像第一次世界大戰爆發時那種為戰爭歡呼的人群，由在克洛爾（Kroll）歌劇院裡經過特別挑選出的聽眾回應希特勒宣戰時的演說，而且比預期中的表現來得更溫和靜默。

這樣的感覺並不限於一般德國人，甚至在納粹和軍方最高層，許多人都對此非常關切。德國空軍（Luftwaffe）總司令，同時也是納粹最高層人士的赫曼・戈林壓抑不住心中激動的怒火，向電話那一頭的外交部長約阿辛姆・馮・李賓特洛普（Joachim von Ribbentrop）大吼：「你得到那該死的戰爭了！這都是你幹的好事！」，然後猛地摔下話筒；德國海軍（Kriegsmarine）總司令、海軍元帥賴德爾（Erich Raeder）針對於與英國進行海上戰爭的前景，有著一股悲觀的不祥預感，他的確感覺多多少少被出賣了，並且在九月三日時記下：「對英國和法國的戰爭在今天爆發了，但根據元首先前的主張，我們在一九四四年之前都不需要去擔心這場戰爭。」德國海軍與計劃中一九四四年時的規模相比還差得遠，賴德爾不禁悲嘆道：「根本就沒有適當的裝備可以和英國大戰一場」，而且「水面兵力……跟英軍艦隊比起來，不論在數量或戰力上都如此缺乏和衰弱……他們所能做的不過就是展現出他們明白如何壯烈犧牲。」

陸軍的表現也感同身受。準備好入侵波蘭的第 19 軍軍長海因茲・古德林將軍（Heinz Guderian）回憶起：「這不是什麼後見之明，我敢斷言陸軍的態度確實非常嚴肅，要不是因為與俄國簽訂了條約（一九三九年八月二十三日簽訂的互不侵犯條約），難以預料陸軍會有什麼反應。我們並非輕鬆愉快地迎接戰爭，況且也沒有哪一位將領不擁護和平方案。老一輩和還有成千上萬的人都曾經歷過第一次世界大戰，他們明白如果戰爭不是只被局限在對波蘭人的戰役上，它將會意味著什麼……即使打贏了戰爭，我們當中每一個人都會考慮到德軍官兵的母親和妻子們，

也會考慮到他們一定會被要求承受的慘痛犧牲。」

撇開特別的辯解不談，我們不能指控古德林就最後一點沒有說實話。如同他提到的：「我們自己的兒子都是現役軍人。我的大兒子海因茲‧君特（Heinz Günther）是第 35 裝甲團的團副官，而小兒子庫特（Kurt）則被任命為少尉，在第 3 裝甲師的第 3 裝甲偵察營內服役，也是在我的軍裡面。」幾乎毫不令人訝異地，這份責任重重地落在古德林的肩上；的確，海因茲‧君特在法國作戰時不幸受了重傷。

德國在波蘭需要一場迅速的勝利，以避免萬一英法兩國在西線發動攻擊而陷入兩面作戰的危險。德國陸軍五個軍團於九月一日入侵波蘭，德國空軍也在當天早晨轟炸華沙（Warsaw），波蘭弱小的空軍在地面上被摧毀，如同飛行員諾貝爾特‧林米克（Norbert Limmiker）回憶的：「事實上，我們在空中完全見不到任何戰鬥」。

↓1940 年 4 月，德軍部隊在挪威境內挺進。英軍、法軍和準備不足的挪軍都不是閃擊戰的對手。

裝甲部隊根據閃擊戰（Blitzkrieg）的準則，在空軍掌握空中優勢的狀況下，長驅直入波蘭腹地，然而儘管如此，波軍仍堅定不移地英勇奮戰，證明自己是德軍無畏的對手。戰鬥工兵軍官保羅·史特芮瑟曼描述一場戰役初期於敵火下進行的渡河行動，他無疑地相當尊敬敵手。「我們在各種武器裝備上佔盡優勢，」他回憶起：「即便如此，波軍仍奮勇戰鬥。」雖然「怕得想吐」，他和部下還是朝河邊移動：「我們帶著橡皮艇和木材拚命往前衝，波軍槍砲齊發，頓時彈如雨下，這真是太嚇人了……當我們直直地往河裡衝時，爆炸揚起的塵土在我們身旁吹過……當我們往更深的水域浮游時，就遭到一挺機槍猛

烈掃射，離我最近的人當場就被打死，我眼睜睜看著他掉進河裡漂走。我想我們的斯圖卡（Stukas，即 Ju-87 俯衝轟炸機）一定已經攻擊了敵方陣地，因為敵火減弱了許多，最後我們終於有了進展，搭起一座橫跨河流的橋樑。幾乎就在我們把最後一塊木料安放在定位的那一刻，步兵們非常漂亮地一擁而上，越過橋樑，直到那時我終於能環顧四周狀況，才發現指揮官和另外幾個人早已不見人影了。」

儘管波軍表現英勇，德國陸軍依然冷酷無情地挺進，而黨衛軍的特別行動部隊（Einsatzgruppen）就跟在後面，他們有系統地殺害波蘭的專業人士，例如教師、醫生、軍官、政府官員，還有神職人員、

↓閃擊戰在西歐大顯神威。摩托車偵察部隊是戰車部隊的耳目，因此他們可以在 1940 年 5 月突破阿登地區的法軍防線。

貴族和猶太人。法蘭茲‧哈爾德將軍（Franz Halder）在他的日記中語焉不詳地提到：「後勤：猶太人、知識份子、神職人員、貴族。」波蘭人最後在一九三九年十月四日投降，但對史特芮瑟曼來說還不夠快：「就我個人而言已經受夠打仗了，但我卻不能操控自己的命運。」他的確無法操控自己的命運，而當德國在次年入侵法國時，他就可以親眼見識到進展更快的戰鬥。不過他承認短期之內，德軍在波蘭的勝利得到了「家鄉盛大慶祝會」的歡迎。

　　希特勒在西歐的第一場大規模戰役，是一九四〇年四月九日發動的入侵挪威作戰，德軍在大膽的聯合作戰行動中奪佔了挪威各主要港口，以及位於史塔萬格爾（Stavanger）和奧斯陸（Oslo）的兩座關鍵機場。不過計劃並指揮這次作戰的馮‧法肯霍斯特將軍（von Falkenhorst），是以較不正統的方式來準備這場作戰：「為了要知道挪威到底是什麼樣子，我去城裡買了本貝德克（Baedeker）旅遊指南……我毫無頭緒，想知道那些港口到底在哪裡、挪威有多少居民，以及這是怎樣的一個國家……我根本不知道可以指望誰。」他手下的官兵也絕非沒目睹過激烈戰鬥，特別是在那維克（Narvik），

↑1940 年時，西線上的武裝黨衛軍機槍小組。德軍擁有較佳的領導力、訓練和準則，因此能夠擊敗英國和法國陸軍。

盟軍在那裡贏得在這場戰役中少數幾次重要勝利之一。一名德軍水兵和陸軍同袍一起在岸上，描述他經歷英軍艦隊預備射擊的岸轟情景：「所有的巨砲都噴出毀滅性的火舌，數以百計的砲彈毫無休止地落在一條鐵路上，在隧道口前爆炸，發出如雷般的巨大轟鳴聲，不然就是帶著駭人的嗖嗖聲如雨點般落在福朗尼斯（Framnes）的峭壁上，在瓦斯維克（Vassvik）的房舍間爆炸，接著巨石帶著震撼地球的轟鳴聲，猛然滾下法格爾尼斯山（Fagernesfjell）的斜坡。在城裡，就像在港口一樣，法格爾尼斯和安克尼斯（Ankenes）岸邊的木造房屋就像火炬一樣地燃燒。每

一次的爆炸……都有數以千計的碎片向四面八方飛射……整條海岸線……都被籠罩在厚厚的煙塵中，不時地冒出新爆炸產生的閃光。」

那維克的德軍認真考慮過穿越邊界撤入瑞典境內，不過他們注定逃過一劫；由於盟軍在法國面臨嚴重危機，英軍和法軍於一九四〇年六月八日突然撤退。

在法國和比利時，德軍面對裝備精良的英國遠征軍（British Expeditionary Force），而法國陸軍在當時被認為是世界上最優秀的陸軍，並且有堅強的防線做為屏障。然而德軍在一九四〇年五月和六月獲得輝煌成功，裝甲部隊在那些防線上撕開一個缺口，並向西朝

↓初嘗挫敗。不列顛之役期間，皇家空軍飛行員衝向他們的颶風式戰鬥機。1940年時，德國空軍無法在英國上空取得優勢。

英吉利海峽的海岸奔馳，正是小心謹慎的事前準備和特別旺盛的幹勁相互交織，才得以達成這些突破。

古德林回憶起對貝爾佛特（Belfort）附近法國衛城（Citadel）的某一次攻擊：「我們運用的戰術非常簡單：首先是由砲兵進行一波短暫的砲擊……然後艾金格（Eckinger）的營（隸屬第1裝甲師）的官兵坐在裝甲人員運輸車裡，和一門八八公釐砲一起接近衛城（Citadel），然後八八公釐砲就立即在衛城（Citadel）前方進入射擊位置；步兵因此在沒有任何傷亡的狀況下抵達衛城（Citadel）外的斜堤，並開始往上攀登，接著爬過壕溝，並登上牆的頂端，而八八公釐砲……零距離向衛城（Citadel）開火。不久之後，在我方迅雷不及掩耳攻擊的衝擊下，這座衛城（Citadel）就要求投降……突擊部隊就開始進行下一個任務，我們的傷亡十分輕微。」

在整場戰役中，傷亡的確相當輕微，大約只比一八七〇至七一年的戰爭傷亡少一萬人。法國於六月二十二日投降，這不僅僅是勝利，而是征服，德國人馬上就有機會可以在咖啡廳裡對法國女孩子試試蹩腳的法語。由於法國戰敗，佔盡優勢的德國人感覺他們幾乎就要贏得戰爭的勝利，兩則關於這段時期的描述就是很好的例子，不過他們馬上就會恍然大悟。

萊因哈特·富許勒（Reinhardt Fuschler）是一名德國空軍技師，他意識到「整體看來是這一場非凡的勝利，而當最後和平降臨時，我們就能在法國鄉間的草地上好好放鬆一段時間。」他繼續說：「每一個人都認為戰爭已經結束了。英國陸軍已逃回英格蘭，而且丟光了所有的裝備，我們無法想像戰爭要如何繼續進行。希特勒視察部隊，不過我們沒有親眼見到他本人，然後他就返回柏林參加勝利大遊行，因此我們也很想知道什麼時候可以再度返鄉。這段時間生活非常愜意，我借了一部腳踏車，四處遊山玩水，飽覽法國鄉間風光，找到一位農夫愉快地和我們交換雞蛋和蔬菜，因此對我們來說一切都很美好。」

德國空軍飛行員維爾納·巴特樂斯（Werner Bartles）是知名的王牌飛行員阿道夫·賈蘭德（Adolf Galland）的僚機飛行員，他回憶到：「（賈蘭德）和我是法國投降後走在香榭麗舍大道（Champs Elysées）上的第一批飛行員，我們也計劃好要成為走在倫敦龐德街（Bond Street）上的第一批飛行員。事實上，後來過沒多久我真的到倫敦了，只是並非勝利者，而是戰俘。」

在入侵英國前為取得空優而進行的戰役，是德國第一個挫敗，這場英國人稱為不列顛之役（Battle of Britain）的戰役帶來之衝擊，無可避免地由德國空軍概括承受。富許勒如此描述這段時期：「一九四〇年的那些夏日是個模糊的記憶，他們的樣子都很像……我們在拂曉就起床工作，以確保每一架寶貴的

→→1941 年，德軍部隊和戰車通過蘇聯境內的一座村莊。巴巴羅沙作戰初期的成功使德軍能夠深入俄羅斯本土境內。

↓一架在蘇格蘭上空被擊落的漢克爾（Heinkel）He 111 轟炸機，是德國空軍在不列顛之役中損失的一千二百九十三架飛機之一。之後在東線，德國空軍的飛機損失也十分慘重。

飛機都在適合飛行的狀態，而他們大部份也的確如此。我還記得飛行員們的年輕面孔：他們的臉上充滿信心，急著與皇家空軍（Royal Air Force, RAF）交手。日復一日我們都焦急地盼望他們返航。戰鬥的第一天，地面上的我們在他們返航時清點數量，每個人臉上都充滿緊張不安的神色，結果少了兩架。」

當損失數量上升時，時序也從炎夏漸漸進入涼秋，「這場戰役很明顯地贏不了了」，而當不列顛之役慢吞吞地進行時，富許勒和同袍「明白我們已經陷入困境」。戰役的步調變得愈來愈緩慢，休假的次數也變得愈來愈頻繁：「冬天來臨時我們都很好奇，當入侵英格蘭的行動不再繼續進行的時候，接下來會發生什麼事。我有更多的休假可以回家，度過一個豪華無比的耶誕節，這是戰爭中最後一個可以好好慶祝的節日，一段可以呼朋引伴的美好歡樂時光，但對未來有著許多的不確定。」

當德軍部隊於一九四一年四月六日蜂擁到南方時，緊接的未來他們在巴爾幹半島（Balkan）上獲得更多迅雷不及掩耳的勝利，南斯拉夫在十一天之內淪陷，希臘則差不多撐了十七天。雖然勝利令人印象深刻，但這僅僅只是延遲了希特勒的真正野心，也就是他要粉碎蘇聯

的戰爭。當擊敗英國的可能性在一九四〇年變得渺茫後，希特勒於十二月決定：「由這些考慮的觀點來看，一定要消滅俄國，時間就在一九四一年春季，愈快擊潰他們愈好，只有征服是不夠的。如果我們能在一擊之下徹底毀滅這個國家，本次作戰才有意義。」希特勒表示這波攻勢必須以單一、不間斷的作戰實行，他不打算重蹈拿破崙的覆轍，被俄國的冬天打敗。作戰將於一九四一年五月發動。

入侵南斯拉夫和希臘的決定將此一日期向後推到六月，不過希特勒感覺沒有什麼需要擔憂，畢竟他已迅速擊潰法國、英國、比利時和

荷蘭的陸軍，而且他認為這幾個國家的陸軍在裝備和組織上，都要比在一九三九年至四〇年的冬天中對付芬蘭人時表現差勁的紅軍要好。考慮到紅軍規模龐大，他將只需要大一點的陸軍和稍微多一點的時間，因為這中間牽涉到遙遠的距離，希特勒告訴麾下將領，俄國人「將會認為有個暴風雨襲擊他們」；他們被希特勒說服了，因為他在這之前已經說中了那麼多次，但是以德國的情況看來，希特勒根本就沒有立場宣稱能在五個月之內擊敗蘇聯。然而在一個引人注目的集體自我欺騙行為中——特別是在一群生性如此謹慎的人們之間——

↓一名蘇軍俘虜從碉堡裡現身。在東線戰爭的頭幾個月內，德軍擄獲超過三百萬名蘇軍戰俘。

↑1941 年 7 月時位在斯摩稜斯克市郊的德軍部隊。依據蘇聯的「焦土政策」，被包圍的紅軍部隊將這座城市徹底焚毀。

參謀本部就這麼輕易改變了他們的評估，以證明可以在四個月之內獲勝。這裡可以再引述古德林將軍的話：「我們到目前為止的成功……特別是我們在西方取得勝利的驚人速度，已經迷惑了最高層人士的心智，使他們把字典裡「不可能」這個詞彙刪除。國防軍最高統帥部和陸軍總部（Oberkommando des Heeres, OKH）裡和我談過話的所有人，都表現出堅定不移的樂觀，面對批評和反對絲毫不為所動。」

　　陸軍和空軍調動到東線，以進行作戰準備。就像古德林一樣，許多一般士兵都對這場戰役感到多少有點半信半疑。保羅・史特芮瑟曼回憶起一九四一年六月二十二日〔代號巴巴羅沙作戰（Operation Barbarossa）的入侵蘇聯作戰發動當日〕：「在那既寧靜又可怕的一天，當我們於拂曉前聽取元首公告（宣布巴巴羅沙作戰展開）時……我只想蜷伏在某個地方，逃離這一切。我可以跟你說，在我們之中沒有哪個人故作勇敢、或是表現出『主動進取』的精神。他們做好份內工作卻毫無喜悅，即使當勝利來臨時也一樣。」

　　另一名年輕軍官漢斯・賀爾瓦特・馮・畢騰菲爾德（Hans Herwarth von Bittenfeld）還記得：「當我們首先進軍蘇聯的時候，軍人們已經有一股毛骨悚然的感覺。我待在一個團裡面，裡面一半是東

普魯士人，一半是巴伐利亞人，但不管是普魯士人還是巴伐利亞人都一樣，他們都對俄國之遼闊無際心存敬畏，這片土地一路延伸到太平洋，部隊官兵一想到在蘇聯戰鬥的前景，一點熱情都沒有。」

他也描述了意識形態上的準備：「有一次，某位宣傳部的代表前來拜訪我們並發表演說，事實上講得相當好。為了試著讓我們準備好面對橫在眼前的挑戰，他提醒我們日耳曼騎士在中世紀時也曾經東征過。我們安靜地聆聽，沒有任何鼓掌喝采。後來我們站在四周，演講者對師長說：『說真的我很失望，因為我在這裡看不見任何熱情。』一名上尉答腔：『先生，熱情不是重點，但當我們接獲命令戰鬥時，我們打得非常好。』就某種意義來說，這解釋了德軍前線軍官的悲慘情況，我們盡了那該死的責任，但是從不相信對蘇聯作戰能夠獲得最終勝利。」

國防軍的確打得「非常好」。巴巴羅沙作戰大部份就如希特勒預測的，給了俄國人暴風雨般重重一擊，德國陸軍在一九四一年夏季和秋季的進軍令人眩目不已；當它在十一月下旬抵達莫斯科郊區時，已經包圍並擊敗數以百萬計的蘇軍部隊。德國陸軍的前進距離已達九百六十公里（六〇〇哩），並俘獲三百萬蘇軍戰俘，這可以說是空前的，其進軍的速度也比現代歷史上任何其他國家的陸軍都要更迅捷，並且就在蘇聯首都的大

↓1941 年，蘇軍在莫斯科城外的反攻成功阻擋了德軍前進。如同這張照片顯示的，許多蘇軍官兵擁有成套的冬季作戰裝備。

↑冬將軍發威。俄羅斯酷寒的冬季使德軍官兵和馬匹紛紛倒下。

門外擺出虎視眈眈的姿態。第 11 裝甲師的一名通信軍官華爾特‧雪佛－柯內爾特（Walter Schaefer-Kehnert）為他的砲兵營繪製地圖，以準備攻擊：「我測量到克里姆林宮（Kremlin）的距離，然後說：『搞什麼鬼，如果我們有長射程加農砲的話，就可以砲擊克里姆林宮了。』」他的說法馬上在砲兵營裡傳開，就在當晚砲兵營進行砲擊時，「大夥兒們都……說著『我們正在砲轟克里姆林宮。』」德軍偵察單位抵達了這座城市的外圍，不過德軍的補給線也已經延伸到斷裂的臨界點，而且他們的部隊根本

還沒準備好在冬季作戰，因為這場戰役早就被認為已經贏定了。

十二月四日，在一場大雪後，溫度陡然降低到零下三十四度，大部份德軍裝備就這樣被凍住了。陸軍士官約瑟夫‧胡納巴赫（Josef Hühnerbach）回憶：「一九四一年酷寒降臨的時候，我在俄國前線。我們在克林（Klin）附近戰鬥，離莫斯科四十幾公里（三〇哩）左右。那個冬天冷得要人命，而我們到春天才取得冬季制服，我永遠也忘不了……到那時為止我們只有一般服裝可穿，就只有一件長大衣、一雙手套和帽子，而我永遠都會記

住希特勒說：『俄國人將會在八個星期後放下武器，我可以保證。』接著他就什麼也沒說了。在那之後，最後的結局終於降臨，我們成為放下武器的那群人。」

朱可夫的反攻

十二月五日，當氣溫降低到零下四十度以下時，蘇軍指揮官喬吉・朱可夫（Georgi Zhukov）下令以他為防守莫斯科所保留的九個軍團發動反攻。此時紅軍在其戰線中央擁有七十一萬八千人、七千九百八十五門火砲和迫擊砲，以及七百二十一輛戰車，大部份是T-34 戰車。一名裝甲兵卡爾・克魯伯（Karl Krupp）解釋：「我就是在這群一流的西伯利亞部隊投入莫斯科前線時才熟悉他們的……這些部隊的裝備十分精良，有毛皮大衣、毛皮帽，還有毛皮襯裡的靴子和手套；相較之下，我們德軍步兵（Landser）看起來就是一付可憐兮兮的樣子，只有薄大衣、用破布包裹腳或鞋子。我自己想辦法弄到了一雙俄國毛氈靴子，是從一個陣亡的俄軍士兵身上脫下來的。你想要靴子的話就動作就要快，因為在那樣的嚴寒中，人死後屍體立刻就會僵硬。」

儘管朱可夫的攻勢並非徹底成功，但德軍被趕回他們在十一月時

↓德軍在雪地裡艱苦地前進，這幅景象讓人聯想到拿破崙的大軍從莫斯科撤退。

駐守的陣地，莫斯科也因而得救；在接下來的春季，德軍重新展開攻勢，又再一次獲得可觀的戰果，但國防軍在莫斯科城外的停頓卻是戰爭的轉捩點，從此之後不會再有更多「旋風般的勝利」。德軍蒙受了巨大的戰爭損失，舉例來說，在巴巴羅沙作戰展開時，德國陸軍擁有五十萬輛卡車，到了十二月時已經損失掉其中十五萬輛，而另外有二十七萬五千輛急需維修。

也許最後一段話應該留給一般士兵。卡爾‧克魯伯說：「在莫斯科會戰之後，我第一次感覺到事情開始不對勁是在我休假離開前線的時候。官方告知德國人民這樣的災難應該歸咎於嚴寒冬季，而不是俄國陸軍。嗯，其實對方也感受到相同的寒冷，但為了應付如此苛刻的環境，俄國人準備得更好、也更徹底。他們明白家園正在危急關頭；另一方面，我們不只聽聞夠多的謊言，也目睹了後方和本土部隊的鬆懈。我們的感覺是：我們完了。」

↑朱可夫在 1941 年 12 月發動的攻勢期間，蘇軍步兵在一座被收復的城鎮中行軍，他們身上的保暖穿著與前方地面上的德軍屍體形成強烈對比。

厄運的前兆
西元一九四一至一九四四年

陸軍參謀長哈爾德將軍提及，到莫斯科為止，國防軍已有七十四萬三千一百一十二人在作戰中陣亡、負傷或被俘，這個數字超過陸軍戰力的百分之二十三；他認為這代表了步兵戰力的一半，因為傷亡數字當中的絕大部份並非發生在文書人員、伙房兵或駕駛身上，而是前線戰鬥部隊，且德軍的替補人員在這段期間內少於十萬人。這支過度延伸且疲弱的陸軍於一九四一年十二月遭到朱可夫指揮的大規模反攻痛擊，儘管負責突擊莫斯科的中央集團軍重新振作並牢牢地堅守陣地，莫斯科會戰依然標誌著戰爭中的轉捩點，東線的戰爭將不再有更多閃擊戰式的勝利，而是變成一場永無休止、不斷損耗的頑強挺進比賽。在當中人員與物質數量的重要性和戰術上的幹勁比起來，就算沒有更有價值，也被認為是不分軒輊。

俄國的冬天不但提早降臨，而且不同於以往，來得更漫長、更寒冷。第 106 步兵師的亨里希‧哈普博士（Henrich Haape）還記得：「在這有如地獄般的嚴寒中，氣息都凝結了，冰柱在鼻孔和睫毛上掛了一整天，在那裡連思考都是一種努力，德國的軍人們就在這裡戰鬥……習慣和紀律驅策著他們，靠著一閃而過的直覺存活。當一個軍人的心智變得麻木，當他的力量、紀律和意志耗盡的時候，他就會陷進大雪中。如果有人注意到他，就會踢他、掌摑他，直到他模模糊糊地體認到在這個世界的責任還沒終了，然後他會搖搖晃晃地站起身來並摸索著；但如果他躺在倒下的地方，直到一切都已太遲時，猶如躺在路邊時被人遺忘，寒風吹過他，每一件事就都變得毫無差別了。」

冬季服裝終於在三月時開始送抵前線，但這根本就太遲了，駭人的冬季已導致大量人員、車輛和武器的損耗，不過戰鬥的暫時平息允許德軍部隊重新裝備並做好準備，以便在一九四二年恢復攻勢作戰。四月時，希特勒決定集中兵力在南方前進，而在戰線上其他地段僅採取守勢。此一方案代號為藍色案（Plan Blue），其意圖是要佔領高加索地區（Caucasus）至關緊要的油田。德軍部隊被調往南方，於一九四二年六月二十八日展開規模宏大的攻勢。這波攻勢有那麼一段時間就像巴巴羅沙作戰的翻版，德軍裝甲部隊矛頭一路長驅直入，保羅‧史特芮瑟曼在攻勢進行中時回到單位裡，「攻勢看起來已達成其

←←面容憔悴的德軍機槍手，地點在史達林格勒。德軍兵敗史達林格勒，成為戰爭中的轉捩點。

所有的目標。」然而如同史特芮瑟曼指出的，「無論我們佔領了多麼遼闊的土地，或是擊斃、俘獲了多少『俄國佬』，還是取得了什麼戰利品，總是還有更多不斷冒出來。」俄羅斯的大草原一路延伸，漫無止境，一望無際。就如同陸軍元帥倫德斯特（von Rundstedt）於一九四二年夏季說的：「俄羅斯的廣大吞噬了我們。」史特芮瑟曼對

↓陸軍參謀長法蘭茲·哈爾德將軍。他與希特勒在戰略議題上意見不合，於 1942 年 9 月被免職。

此表示同意，並認為至少還是有可以感到慶幸的地方：「雖然俄國的夏日非常、非常炎熱，但還是比冬天該死的酷寒舒服太多了。」

德軍以迅雷不及掩耳的速度向南奔馳，而史達林格勒（Stalingrad）就座落在德軍前進軸線的左側，因此希特勒在七月時將攻佔這座城市列為優先目標，並將此任務交給弗利德里希·保盧斯將軍（Fredrich Paulus）的第 6 軍團，並由赫曼·霍特將軍（Hermann Hoth）之第 4 裝甲軍團進行支援。九月初，保盧斯麾下的官兵已進抵史達林格勒，然而史達林下定決心要防守這座以他為名的城市，意味著德軍在每一條街道都要付出代價，才能奪取這座城市。和史特芮瑟曼不一樣，許多德軍官兵都認為勝券在握，第 389 步兵師的一名士兵在家書中寫著：「你絕對想像不到我們親愛的摩托化部隊夥伴們以飛快的速度前進，還有空軍隨之而來的輪番打擊。當我們的飛行員就飛在頭頂上的時候，這是多麼棒的安全感！因為你連一架俄軍飛機都看不見。我願意和你分享一絲希望，只要史達林格勒一落入我軍手中，我們的師就是履行了責任，情況許可的話，不久之後我們應該就可以再度相見了；如果史達林格勒陷落，南方的俄國陸軍就會被消滅。」

史達林格勒沒有陷落。巷戰的代價格外高昂，而當第 6 軍團被吸往城市中心深處時，傷亡數字也不斷攀高。安東尼·畢佛（Antony

Beevor）在他對該戰役的研究《史達林格勒》（Stalingrad）一書中描述，當戰役拖延時，德軍部隊面對的狀況：「德軍官兵由於艱苦戰鬥造成的疲憊不堪，和為了哀悼比他們以往所想像更多的同袍，因而雙眼紅腫，已經喪失了就在一星期前還充斥著的大肆慶祝情緒。每一件事看起來都不一樣了，令人感到不安。他們發現砲兵在城市裡更可怕，砲彈本身的爆炸不是唯一的危險，不論在什麼時候，要是有一棟高聳的建築物被擊中，砲彈碎片和建築物的石塊就會像下雨一般從上方落下。在這個異世界裡，看著瓦礫堆和廢墟等被摧毀的景象，德軍步兵已經開始失去時間的軌跡，即使是在正午時刻的光線，都因為持續的煙塵朦朧而變得光怪陸離，有如鬼魅一般。」

　　這樣的情況與發生在開闊鄉間的會戰截然不同，一名裝甲兵軍官寫道：「空氣中充耳可聞俯衝的斯圖卡如地獄般之咆哮聲，高射砲和砲兵如雷鳴般的轟隆聲，引擎的吼聲，戰車履帶的咯咯聲，發射器和『史達林管風琴』（德軍為蘇軍火箭砲兵取的綽號）的尖嘯聲，衝鋒槍射擊時槍機來回復進的噠噠聲，而且每個人在任何一刻都可以感受到整座城市陷入熊熊大火時的熱度。」

第 6 軍團戛然而止

　　希特勒因德軍在史達林格勒進展緩慢所感受到的挫折，導致他對陸軍參謀長哈爾德十分沮喪，他認

為哈爾德是一個過於謹慎的悲觀主義者；另一方面，哈爾德則認為在談到軍事戰略時，希特勒就成為一位危險的外行人。希特勒於九月二十四日告知哈爾德：「你和我都為焦躁憂慮所苦，而我有一半的精疲力盡是因為你的緣故，這樣子繼續下去根本不值得。現在我們需要國家社會主義的激情，而不是專業的能力，我不能指望像你這樣一位老派軍官的熱忱。」於是哈爾德去

↑第 4 裝甲軍團司令赫曼‧霍特上將，擔任向高加索長驅直入的攻擊矛頭，並參與了史達林格勒之役。

職，由更聽話的庫特‧馮‧柴茲勒（Kurt von Zeitzler）取代，阻礙希特勒日益無能的軍事干預的一塊大石頭就此被搬開了。

　　然而國家社會主義的激情拯救不了第6軍團。到了九月底，保盧斯和霍特的部隊已拿下該市三分之二的區域，希特勒就向德國人民和全世界宣布該市即將陷落，不過朱可夫在十一月時突然設下圈套。他在該市東邊祕密集結蘇軍預備隊，並於十一月十九日指揮部隊向位在第6軍團側翼的兩個羅馬尼亞軍團發動猛烈突擊，儘管羅馬尼亞部隊奮勇作戰，但還是旋即崩潰，而紅軍因此能夠在十一月二十三日完全包圍位於史達林格勒的德軍部隊。保盧斯麾下有二十個師，總兵力約達二十五萬人，他要求希特勒准許他率部突圍，但遭到拒絕；希特勒向保盧斯保證將會立即重新建立聯繫，而在這段期間內將對第6軍團進行空運補給。戈林向希特勒擔保，他的空軍每日可以運送三〇五公噸（三百噸）的物資給口袋內被包圍的部隊，但是德國空軍每日卻僅能設法運送九十一‧四四公噸（九十噸）的物資。對在史達林格勒的部隊來說，情況日益惡化，一名年輕的中尉海因茲‧芬尼希（Heinz Pfennig）回憶到：「一當我們被包圍時，真正的麻煩就開始了。在十二月的某個時候，我們開始面臨口糧短缺的狀況……我們的馬鈴薯只不過是乾掉的馬鈴薯片。」當天氣進一步阻礙空中運補行動時，情況變得更糟糕，芬尼希接著說：「在耶誕節時，我們每個人得到一大湯匙的豌豆、兩大湯匙的乾馬鈴薯湯和兩塊巧克力。我們沒有冬季服裝，而我們唯一能做的事就是在雪地裡縮成一團，等著敵人來抓我們。」

　　裝甲兵佛利德里希‧恩斯特‧馮‧索姆伯爵（Count Friedrich

↓1942 年 6 月圍攻塞瓦斯托波耳（Sevastopol）期間，一名德國士兵俘虜兩名蘇軍。德軍在南方發動攻勢，因而能佔領位於克里米亞（Crimean）的該港。

Ernst von Solm）的耶誕節大餐甚至更糟糕：「耶誕節真的是有夠悽慘，」他還記得，「我們把貓和狗都抓來吃，麵包只剩一點點，甚至連馬肉都吃光了。」芬尼希也栩栩如生地描述了前線的生活：「因為待在房屋的地下室裡稍微溫暖一些，所以我們在路障間發展出一套系統，當一或二個士兵坐在樓上觀察四周狀況時，剩下的人通通都帶著武器在樓下縮成一團。負責守衛的人……如果發生任何狀況，就會給我們一個信號。他們安排我輪值守衛，由於我用幾塊布把手和手腕包裹住（因為凍傷），無法緊握任何東西，所以他們就在天花板上掛了一個裝有鐵釘的袋子，如果我搖動那個袋子，就表示俄軍正在接近，而我的同袍們就會從地下室的樓梯衝上來並開火。」

蘇軍最終還是扼死了被包圍的軍團。第 6 軍團的一名參謀軍官耶思科・馮・普特卡默（Jesco von Puttkamer）描述了口袋裡被圍困的德軍官兵之間聽天由命的心態：「我們雖然已經認命了，但還是繼續戰鬥，因為根本就沒有第二個選擇。我在被孤立的北邊口袋裡，那裡空無一物——沒有彈藥、沒有口糧，根本什麼也沒有。我們眼睜睜地看著我軍全軍覆沒。有一個師長馮・哈特曼將軍（von Hartman，第 71 步兵師師長），他穿著兩側有將領飾條的軍用長褲，走到鐵路的軌道上，就這樣一直站在原處，直到一顆子彈擊中他。其他的人就像保盧斯一樣，只是在碉堡裡靜靜

等待，直到俄國人從大門口走進來。再也沒有什麼英雄氣概，甚至連痛苦都沒有，剩下的就只有地獄而已。」

一九四三年一月三十日，希特勒將保盧斯晉升為陸軍元帥，口號在那一天依然傳遍陣地的各個角落：「我們絕不會在民族革命十週年紀念日（一九三三年一月三十日）當天投降」。如同海因茲・芬尼希一針見血地形容：「這是悲慘局勢裡的自我吹噓。」從保盧斯晉升一事當中推斷出的結論十分清楚，希特勒希望他的部下自盡，因為從來沒有一個德國陸軍元帥曾在戰場上被俘，但保盧斯還是在次日投降了。德軍官兵緩慢地從碉堡和地下室裡現身，走進戰俘營中，那些受傷太重而無法移動的人，許多被就地處決，一些第 297 步兵師的生還者遇到一名俄軍軍官，他指著四周的廢墟咆哮著：「柏林以後就會變成這副模樣！」德國紅十字會估計德國在史達林格勒折損了二十萬名部隊，這些人當中約有十三萬人被俘，他們的命運令人感到難過，食物經常不足，但如同普特卡默所記得的：「剛開始的幾個月狀況最糟，我們的弟兄就像蒼蠅一樣地死去，但是在史達林格勒地段上的俄國人也沒什麼東西可以吃。」臨時戰俘營的條件非常糟糕，到處充斥著傷寒、白喉和痢疾，一名奧地利醫生提到他對貝克托瓦（Beketova）戰俘營的第一印象：「沒有東西吃、沒有東西喝，當口渴難耐的時候，骯髒的積雪和跟

尿一樣黃的冰塊就是你唯一的救星……每天早晨只會看見更多屍體。」

此一挫敗使希特勒大為驚駭，古德林發現他變了：「他的左手不斷顫抖，彎腰駝背，儘管雙眼突出，但已失去先前的光彩，只是凝視著前方，呆若木雞，雙頰上出現紅色斑點。」史達林格勒戰敗代表希特勒這一生當中出現了相當大的轉變，曾經帶領他獲得一次又一次勝利的好運現在看起來終於漸漸遠離了，他因此更往後退回他的小圈圈裡；是的，他在這次戰敗後只公開露面過兩回。

從一九四二年底至一九四三年初，史達林格勒只不過是一連串戰敗當中最嚴重的一次而已。北非沙漠裡的德國陸軍在艾拉敏（El Alamein）之役中被英軍擊敗，正持續撤退；美軍和英軍也在北非登陸，進一步威脅軸心國在非洲大陸上的態勢。英軍最後也在大西洋中對德國的 U 艇戰鬥裡佔了上風，如同 U 艇王牌埃里希·托普（Erich Topp）提到的：「在接近一九四二年年底時，潛艇戰面臨了嚴重的瓶頸，分別代表被摧毀潛艇數量和新造潛艇數量的曲線開始死亡交叉了；到了該年年底，我們被擊沉的潛艇數量變得比生產的還要多。盟軍技術的發展日新月異。」托普列出英軍打破平衡的方法，像是護航船團制度、長程飛機，特別是雷達裝備。「我們根本比不上盟軍如此發達的科學技術。」英軍也破解了德軍的謎（Enigma）密

碼，這意味著「我們傳送的所有東西都會被攔截……盟軍不只知道在什麼區域裡有我們的潛艇，他們連每一艘潛艇的精確位置和航向都知道得一清二楚。」托普指出，如此一來結果就是「被擊沉的貨輪和U艇的比例是一比一！」

一名 U 艇艇長霍斯特·艾爾菲（Horst Elfe）描述許多 U 艇在此一情況下的命運：「那艘驅逐艦轉過頭，高速對準我的 U-93 迎面衝來。她的探照燈全開，艦砲對準我們進行夾叉射擊，但沒有一發命中……雙方都全速前進，我吃力地打右舵，以避免被衝撞……英軍驅逐艦金星號（Hesperus）快了一步，在全速下衝撞我們……我下令棄船……艇員們站在指揮塔上，包括我在內，在潛艇沉沒時全都落水了。我們損失了六個人……金星號轉了回來，打開探照燈，從船尾丟出網子，緩慢地在落水者之間通過……英軍艦長的傳令兵把我帶到甲板上，用一條羊毛毯包住我，還給了一杯後勁頗強的蘭姆酒，再點了根普雷爾海軍菸（Players Navy Cut）放到我嘴裡。他試圖安慰我，說：『先生，請你放輕鬆』而不是說『你這個殘忍的德國納粹佬！』」與大部份德國潛艇官兵比較起來，艾爾菲可說是幸運得多，因為德國海軍前前後後派出四萬人，只有不到一萬人活著回來。

史達林格勒也許稍微動搖了希特勒，但他依然深信他的軍事天才，並持續指揮德軍在東線的作戰，希望在一九四三年可以進

行內線防禦作戰。德軍已相當成功地擺脫高加索的苦戰，而紅軍反攻在庫斯克（Kursk）附近戰線上造成的突出部使德軍有機會可以重創敵軍；然而紅軍對德軍的意圖早已洞燭機先，並著手將這塊突出部變成一個巨大衛城（Citadel），設置一條接著一條的雷區、壕溝和碉堡。在緊接而至的對抗中，九十萬德軍與軸心國部隊，加上二千七百輛各式裝甲車輛，面對著一百三十三萬七千名俄軍與三千三百三十輛戰車，使這場會戰成為歷史上規模最龐大的戰車會戰。德軍的攻擊行動代號為衛城（Citadel）

（Citadel），於一九四三年七月五日展開。當德軍部隊面對準備周密的蘇聯守軍，掙扎地奮力推進時，這場會戰旋即成為殘忍的消耗競賽。

庫斯克的鋼鐵煉獄

　　德軍大德意志師（Grossdeutschland）的官方戰史詳實描述了戰鬥場景：「大德意志裝甲團和豹式戰車（Panther，德軍的新型戰車）旅應該要發動攻擊……但是他們卻不幸闖入一個到那時為止都未被注意到的雷區，之後甚至遇上了俄軍的壕溝！這已經夠令人作嘔了，士兵和軍官都一樣

↓艾拉敏會戰後的德意志非洲軍（Afrika Korps）士兵，在 1942 年底至 1943 年初，該場會戰是代表戰爭轉捩點的幾場嚴重挫敗之一。

1

2

戰爭轉捩點
——史達林格勒

1. 燃燒中的史達林格勒。1942 年 8 月，德國空軍試圖以猛烈轟炸「軟化」蘇軍防務，但史達林下定決心不惜一切代價防守這座以他為名的城市。

2.「史達林格勒巷戰學院」中的兩名德軍士兵。市區巷戰與國防軍擅長之開闊鄉野間的機動戰截然不同。

3

4

5

3. 德軍部隊深入這座城市。

4. 儘管第 6 軍團費盡一切努力，紅軍仍死守其在該市的危險立足點。

5. 1942 年 11 月 23 日，朱可夫的攻勢包圍了第 6 軍團，因此該軍團只能透過空運補給。

6. 俄軍戰俘將物資搬下 Ju-52 運輸機。戈林承諾每日運送三百噸補給物資，但德國空軍僅設法辦到每日運送 90 噸而已。

7. 陸軍元帥弗利德里希・保盧斯，他的第 6 軍團在史達林格勒會戰中全軍覆沒，折損了二十萬名部隊。

6

7

害怕自己會完蛋。戰車很快就被困住了，有幾輛的履帶卡住，而更糟的是俄軍不斷地用反戰車步槍、反戰車砲和火砲射擊他們。這時有件事把我們徹底搞糊塗了，輕步兵們在沒有戰車掩護的狀況下向前推進，戰車無法跟上的話他們能做什麼？當敵軍一注意到輕步兵落單的危險狀況，便立即發動由多架密接支援攻擊機支援的逆襲，大德意志裝甲團第3裝甲輕步兵營的幾個步兵連……就這樣踏上毀滅的命運。即使是

重裝連在短短幾個小時之內就有五十人陣亡和負傷。工兵及時上前，並開始在地雷密佈的雷區中清出一條路來；在第一波戰車和自走砲穿過雷區抵達步兵身邊前，已過了十個小時以上。」

當霍特的第 4 裝甲軍團七百輛戰車、與羅特米斯卓夫將軍（Rotmistrov）的第 5 近衛戰車軍團八百輛戰車在普羅霍羅夫卡鎮（Prokhorovka）附近爆發戰鬥時，使得這場會戰在七月十二日達到最高潮。一波波蘇軍 T-34 戰車

←←大西洋中的一艘 7 型 U 艇。因為 U 艇無法切斷大西洋的補給線，使得美國可以向英國運送大批援助物資。

↓1943 年 7 月，庫斯克會戰中精銳的大德意志裝甲擲彈兵師。大規模的裝甲部隊衝突對德軍來說是一個戰略失敗。

推進到零距離射擊的位置，使得戰鬥惡化成一場大規模混戰。蘇軍將領基里爾‧莫斯卡連科（Kirill Moskalenko）描述此次戰車戰：「實在說不上到底是誰在攻擊、誰在防守……根本沒有空間可以機動，戰車兵們被迫進行零距離射擊。許多村落和高地反覆易手，敵人的損失非常慘重……（而且）不得不改採守勢……納粹曾夢想在四天之內抵達庫斯克，但在頭十一天的戰鬥中，他們突穿深入的距離卻還不到我軍防線的一半……」

在普羅霍羅夫卡之後，衛城（Citadel）作戰幾乎沒有成功的可能性，重整過後的德軍裝甲部隊已經揮霍掉了，其預備隊在一場大型消耗戰中損耗殆盡，卻沒有獲得什麼戰果。希特勒取消了七月十七日的突擊，因為他把注意力轉移到英美聯軍入侵西西里（Sicily）的行動上。古德林這麼總結了庫斯克會戰的意義：「由於衛城（Citadel）作戰的失敗，我們遭到了一次決定性打擊。嘔心瀝血再次編組、並重新裝備的裝甲部隊在人員和物資方面都損失慘重，未來很長一段時間之內都無法再度運用。現在有疑問的是他們是否能即時復原以防衛東線，至於是否能夠將他們用來防禦西線，以對抗明年春季的盟軍登陸威脅，更不無疑問。不用說俄國人會把他們的勝利發揮最大效果。以後東線上不會再有片刻平靜，從現在開始敵人毫無疑問擁有主動權。」德軍在東方將不會再前進了，從庫斯克以後注定節節敗退。

蘇聯長久以來要求西方的英國和美國等盟國在法國開闢第二戰場，以解除蘇聯在東方的壓力。到了一九四四年的夏季，時機終於到來。盼望已久的反攻法國——歷史上規模最龐大的兩棲作戰——於一九四四年六月六日進行，代號為大君主作戰（Operation Overlord）。由於德軍已預料到盟軍將會入侵，因此準備法國的防務已有一段時間，陸軍元帥艾爾文‧隆美爾（Erwin Rommel）指揮的集團軍防區囊括了預期中的入侵地區，他認為一定要在灘頭阻擋盟軍，並表示：「敵軍最弱的時候，就是他們正從水裡爬上岸的時候，不但充滿不確定感，而且很可能暈船了，甚至連地形都不熟，也還沒有重兵器可用。我必須在這個時候擊敗他們。」隆美爾不斷視察海岸線，激勵手下官兵加倍努力來準備防務。他在一九四四年五月十一日視察第709 師在科唐坦半島（Cotentin）上的陣地，還記得這次視察的部隊官兵回憶起隆美爾情緒不佳，平常具備的機智風趣和領導魅力已不復見，「甚至不曾分發香菸」。阿圖爾‧楊科中尉（Arthur Jahnke）是一名東線的老兵，曾獲頒騎士十字勳章（Knight's Cross），他帶著這位陸軍元帥逐一檢查各項準備工作。隆美爾突然要求：「中尉，讓我看看你的手。」楊科脫下灰色鹿皮手套，讓他仔細瞧瞧結了老繭的雙手，他在俄國時馬上就學會了處理電線和使用挖掘工具，隆美爾點點頭：「幹得好，中尉，軍官在挖

→→1943 年 7 月，庫斯克突出部中的蘇軍 T-34 戰車。紅軍的反戰車防禦和裝甲預備隊擊敗了德軍的虎式和豹式戰車。

↑ B 集團軍司令艾爾文・隆美爾元帥於 1944 年 D 日登陸前視察法國境內「大西洋長城」（Atlantic Wall）的其中一段。

掘時所流的鮮血，就跟在戰鬥中流的一樣有價值。」然而即使受了傷，楊科依然關注防務的狀態。

艦隊入侵

　　他們得忍受長達數週的預備轟炸。楊科在聖馬丁德瓦赫維勒（St Martin de Varreville）的砲台調查轟炸效果，保羅・凱瑞爾（Paul Carrel）曾於他一篇記錄德軍在諾曼第的經驗，名為〈入侵！他們來了！〉（Invasion！They're Coming！）的報告中提到：「不是一顆石塊疊在另一顆石塊上，而是整個陣地連同火砲都飛灰湮滅了。」楊科的下士海因（Hein）總

結了這整個狀況：「前景的確一片光明──假如他們辦得到的話。」一九四四年六月六日午夜剛過一刻後，第一批美軍和英軍傘兵就在諾曼第上空跳出運輸機，在科唐坦半島上空跳傘的美軍共有一萬七千人；到了一時五十分，德軍海岸雷達捕捉到的影像，就如同通信兵資深中尉魏利森（von Willisen）向西群海軍司令部參謀長霍夫曼將軍（Hoffman）形容的：「陰極線管上出現了非常多目標……唯一的可能就是入侵艦隊……入侵行動展開了。」

　　儘管陸軍指揮官不敢置信，不過盟軍大規模的海軍岸轟，無可爭

辯地宣布了入侵行動開始。一名駐守在阿羅曼什（Arromanches）的步兵羅貝爾特‧佛格特（Robert Vogt）回憶：「就是在凌晨二時三十分左右，我一聽見巨大的爆裂聲響，就馬上從床上跳下來。剛開始我根本不知道發生了什麼事，當然我們早已預料到會有什麼發生，但在哪裡、在什麼時候卻毫無頭緒。我們不知道這就是入侵行動。在遠方，我們聽到盟軍對整條海岸線和後方地區進行地毯式轟炸；不論在哪裡都會有長達半小時至一小時的間歇暫停，但我們所在的地區根本就是一團糟。」

　　到了實際登陸行動展開的時候，佛格特已在灘頭上就定位，守軍開火了：「然後有個聲音呼叫：『敵軍登陸艇正在接近！』我在峭壁頂上的視野很好，於是就往海面望去。眼前的景象把我嚇得屁滾尿流，即使天氣如此地糟，我們還是可以看到一大批船艦，視線所及之處全是大大小小的船隻，一整個艦隊！而我心裡想著：『我的天啊，現在我們完蛋了！我們毀了！』」

↓美軍部隊在英國港口上船，為 D 日登陸做準備。盟軍佈署了大量火力，以支援他們在諾曼第的反攻。

壓倒性火力

　　這是一場與東線不同的戰爭。紅軍在人力的運用上非常浪費，願意付出高昂代價發動大規模且堅決的攻擊，也喜愛近距離戰鬥，特別是在史達林格勒。在西線的英軍與美軍則極為依賴他們的優勢火力，佛格特相當完整地概括敘述盟軍的態度：「盟軍能夠承受放著有裝備優勢的部隊不用。他們說：『面對德軍步兵的火力，我們為什麼要犧牲美國大兵的性命？無論如何德軍在哪一方面都勝過我們。不，我們只需要對他們進行地毯式轟炸，只需要飛行員從他們頭頂的天空上扔下炸彈，也只需要利用佔優勢的砲兵火力。』」

　　裝甲教導師（Panzer Lehr）的命運就是盟軍火力壓倒性本質的血淋淋例子，經過長達四十九天的持續奮戰後，該師僅剩下二千二百人和四十五輛可用戰車。到了一九四四年七月二十五日，該師正好位在美軍攻勢，即眼鏡蛇作戰（Operation Cobra）的建議發動地點前，該次作戰的目標是打破德軍在法國的態勢。那天早晨，一波波的美軍 P-47 雷霆式（Thunderbolt）戰鬥轟炸機襲擊該師，每次五十架，每兩分鐘一批，他們扔下高爆彈和凝固汽油彈；在他們之後則是四百架中型轟炸機，掛載五百磅（二二七公斤）炸彈；最後，一千五百架 B-17 空中衛城（Citadel）（Flying Fortress）與 B-24 解放者式（Liberator）重

←德軍的自走高射砲在諾曼第作戰。在 1944 年的法國戰役期間，西方盟國擁有幾乎完全的空中優勢。

↑1944 年 6 月 6 日，
英軍部隊湧向諾曼第的
灘頭，盟軍隨即在當地
建立了強大的灘頭堡，
希特勒現在得面對東西
兩線作戰。

轟炸機攜帶總重達三千三百噸的炸
彈進行攻擊，他們毀滅了一切，許
多戰車被爆炸的威力拋到半空中。
在這之後，又有三百架 P-38 閃電
式（Lightning）戰鬥轟炸機扔下了
殺傷彈和凝固汽油彈，裝甲教導師
將近有一半的人員在空襲中陣亡；
飛機才剛飛走，一萬門火砲就接著
進行猛烈砲擊，又使另外數百人陣
亡。該師師長符利茲・拜爾萊將軍
（Fritz Bayerlein）是一名北非戰
場的老兵，他稍後告訴俘虜他的
人，那天早晨是他在戰爭中最糟的
經驗，當他接獲守住陣地的命令時
回應：「每一個人都在頂住防線
……每一個人。我的裝甲擲彈兵和
工兵、反戰車砲砲手，他們都拚命

地頂住，沒有人離開崗位，一個也
沒有。他們躺在散兵坑裡，一動也
不動，也沒有發出任何聲音，因為
他們已經掛了！掛了，你了解嗎？
告訴元帥〔即取代隆美爾的克魯格
（von Kluge）〕裝甲教導師已經
被殲滅了，只有死人可以繼續堅守
下去。」猶如要強調重點一般，附
近一處彈藥堆棧被一架戰鬥轟炸機
擊中，爆炸波及他所在的建築物窗
戶，拜爾萊所言不虛。

在所有的戰線上，戰爭的走向
明顯地變得對德國不利。一九四四
年六月，蘇軍發動一波大規模攻勢
〔代號巴格拉基昂（Bagration）〕
支援大君主作戰，結果蘇軍兵臨華
沙城下，並於一九四五年一月進入

↑1944 年時在法國境內被擊毀的虎式戰車。即使是德軍最重型的裝甲巨獸，所能做的只不過就是拖延西方盟國勢不可擋的進軍。

東普魯士。西方盟國儘管因為奪取萊茵河（Rhine）上橋樑的空降作戰在安恆（Arnhem）遭遇災難性失敗而暫時受阻，仍持續向第三帝國邊界穩步推進。一名德國傘兵齊格菲・屈格勒（Siegfried Kügler）在一九四五年初被俘，他回憶起美軍的物質力量：「美軍向萊茵河進軍，當我們看著在面前通過的每一樣東西，火砲、戰車和卡車，嗯，我必須說我完完全全氣炸了，心裡想著：『你怎麼能對這樣的一個國家宣戰？』我們捫心自問，『希特勒那傢伙難道沒學過地理或是什麼的嗎？』不管美國軍人的表現是好是壞，光是他們的裝備就足以贏得戰爭。」

不過這些戰役也證明了德國軍人是技巧熟稔的對手，他們接受的訓練是運用主動權來利用各種戰術局面，而對年輕指揮官來說更是如此，上級允許他們展現個人的積極主動和行動自由。德國陸軍就是藉由這種方式，因而有能力抵抗盟軍的數量優勢，並延長戰爭。

致命的生產拉鋸戰

德國是歐洲大陸的經濟火車頭，也是軸心國的工業中心，還是她們當中唯一一個在任何程度上幾乎能夠和蘇聯與美國經濟上巨大輸出相匹敵的國家。在一九三九至一九四一年令人震驚的軍事成功後，納粹德國掌控了歐洲佔領地區的資源和生產設備，比利時、荷蘭、法國、盧森堡、丹麥和挪威的原物料和工廠全都在德國的統治下。然而盟國幾乎在所有軍事裝備領域的生產持續超越德國，且到了一九四二年底，她們生產的飛機和戰車數量是德國的三倍。無庸置疑，德國在整場大戰期間生產的武器裝備數量，要比她在物質、人力、技術和科學能力等方面擁有的資源，以及其生產能量所能容許的要少得許多。無可否認地，英國、蘇聯和美國的確更易於取得大量資源，但這不只是原物料和製造能量間平衡的問題，還有其他因素。直到一九四三年，儘管英國的經濟規模較小，但卻在幾乎所有武器系統的生產超

←←德國的外籍勞工。在戰爭期間，德國工業被迫愈來愈依賴外籍勞力。

↓德國男性被徵召挖掘防禦工事，這類的工作使得工業所需要的人力捉襟見肘。

越第三帝國；在一九四二年時，蘇聯喪失了三分之一的鐵路網，鐵礦、煤炭與鋼鐵的供應也因為德軍橫越其領土迅速推進而少了四分之三，蘇聯的工業基礎甚至縮減到比英國的規模還要小，不過其生產量在一九四二年至一九四五年之間卻是德國的一倍半。如同歷史學家理察‧奧維利（Richard Overy）提到的：「無論統計資料有多能掩蓋政策與客觀環境的不同，兩者的差距依舊顯而易見。要是情況有所不同，德國就能避免一九四四年起無止境的戰力消耗。」

不過，在戰爭爆發以前，德國經濟對衝突的準備可能比其他任何歐洲國家來得更為充分。德國在一九三三年展開再武裝，並在一九三六年之後加快腳步，儘管如此，就再武裝的等級而言，歐洲的戰爭對國防軍來說還是早了三或四年。希特勒在戰爭爆發後為了試圖彌補差距，調集了兵工廠和民間工業，卻沒有同時為長期戰事而經濟總動員，用《牛津第二次世界大戰指南》（*Oxford Companion to the Second World War*）的話來說：「承平時期的戰爭經濟（從一九三

↓不來梅（Bremen）的 U 艇組裝工廠。儘管德軍對 U 艇的建造給予高度優先權，但 U 艇在大西洋之戰中的損失卻超過補充數量。

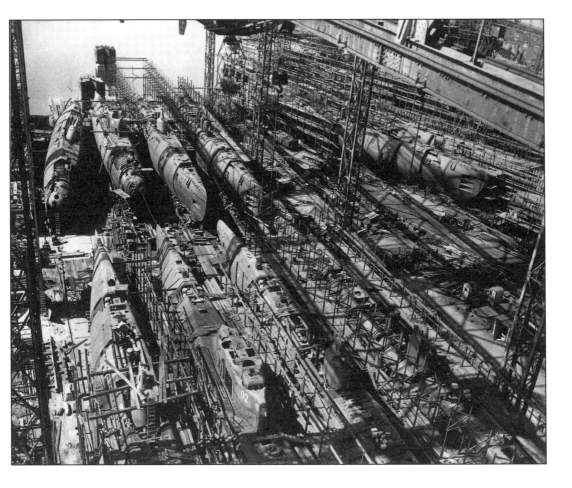

六年八月開始）後，隨之而來的是類似和平時期的戰爭經濟，商業交易基本上就跟往常一樣普遍。」

不過到了一九四一年夏天，德國有超過一半的勞動力都在從事和軍事建設有關的工作。這比一九四一年的英國，也比美國在整場戰房中投入的程度都高。更有甚者，德國還能取得先前提到的歐洲征服地區的資源，包括幾乎全歐洲的煤炭和鋼鐵工業，還有被征服歐洲大陸的勞工和生產能量；然而在戰爭兩年之後，軍備的輸出只比在剛開始時高一點。不過在一九四一年中，希特勒準備發動巴巴羅沙作戰，這將把他拖進一場面對蘇聯的可怕消耗戰中，在那場戰爭裡，生產力和

經濟輸出就算沒有比戰場上的技術更重要，也可相提並論。

一個如同二十世紀中期的德國一樣進步的經濟體，之所以無法在最初幾年擴大生產規模有許多原因。德國的官僚體系雜亂且單調，而且缺乏單一的中央管理機構負責協調戰爭力量。一九三九年八月成立，由赫曼·戈林負責的帝國防衛部長會議，本來它也許可以在協調民間、軍方和工業需求一事上扮演有用的角色，然而卻在舉行六次會議後宣告解散，因為希特勒已將對工業方面的許多權力一把抓在手上，戈林不想和他發生衝突。雖然希特勒能夠下令生產他認為有需要的武器類型，但沒有一個中央計劃

↑為了戰時經濟，德國婦女蒐集玻璃瓶。所有的交戰國都會將回收的家庭用品拿來用在至關重要的軍備生產中。

的經濟，其計劃的實行多少會有點不穩定，這裡再次引用奧維利提到的：「在元首和工廠之間並沒有直接的指揮系統。在他們中間設置了一個由各部會、全權代表和黨委員組成的工作網，每一方都有其機關組織、利益、印章要蓋，帶來比平常更嚴重的官僚惰性；在此一指揮體系的末端是一個企業社群，他們當中大部份仍執著於企業家的獨立性，並怨恨混亂的管理制度、腐敗的納粹黨工、永遠填不完的表格，遏止了他們原本能為轉變戰爭經濟的自發性努力。」

　　德國人從來不擅長現代的量產觀念，德國武裝部隊傳統上會與小公司、技巧純熟、能夠生產精密軍備的技工合作。德國工業的確總是在高品質的精良工藝和先進科技等方面略勝一籌。然而，這些優點卻對時間和資源要求甚高，精密則比大量生產更受青睞。德軍五號豹式戰車的技術條件傑出無比，是一種最高等級的武器系統，但需要花費時間來生產，這可以透過生產方式來說明：舉例來說，下薩克森漢諾瓦機械廠（Maschinenfabrik Niedersachsen Hanover）忽視在美國普遍採用的量產方法，豹式戰車不是在西方國家和蘇聯喜愛的亨利·福特式生產線上製造，（雖然德國工人還是在做重覆性的工作）

↓儘管有這類照片，但德國戰時經濟的其中一項重大缺陷就是未能動員婦女，因為納粹認為她們的領域應該在家庭裡。

↑1944 年時工作中的奴工。考慮到納粹不願過度利用本國勞工，於是便看向佔領的歐洲地區來滿足自己的需求。

而是在各個從事特定作業的工作站間移動，此舉確保了絕佳的工藝，但生產卻快不起來。

　　對工人們來說，在緊密控制的納粹國家製造勞資糾紛不是一個好選擇，如此一來確保了生產不會因罷工而中斷。一名金屬工人威利・艾爾巴赫（Willi Erbach）回憶到：「你什麼也不能說，工廠的管理人員總是站在背後。從來就沒有這麼壞過，我們甚至會對所有這一切採取將就態度，如果你辭職，你接下來要做什麼？你考慮到生活中的享受……在那時，公司裡沒有任何衝突，每一個人都是德意志勞動陣線的一員，因此你不能冒任何險

……，因為有嚴格的控制，當你在做你的工作時，並沒有任何衝突，只需要把你那一份工作做好。你知道德國人的工藝技術，在過去和今天都一樣好──我希望今日也能一樣好，畢竟你想要賺錢。」

　　由於早期的罷工企圖都遭到警方無情鎮壓，因此艾爾巴赫的態度是可以理解的。反抗的人通常要在達豪集中營忍耐一段時間的「不願工作再教育」。即便如此，為了回應更長的工時、凍結的薪資，以及德國的工廠隨著提高產量的持續要求而惡化的工作條件，倒是可以採用稍微更細緻的形式來反抗。長時間工作帶來的沉重負擔導致了受雇

員工掛病號者急速增加（不論是真的生病或裝病），工作中發生意外的次數增長。在部份關鍵產業，生產力甚至不升反降。曠職與不守紀律的狀況十分普遍，警察與蓋世太保愈來愈習於對抗這些行為。不滿的情緒滋長了；一九四一年的春天，伍爾茨堡的保防處（Sicherheitsdienst, SD）描繪出一幅關於勞方言論頗為單調無味、甚至帶點淒涼的寫照：「某些工人階級的地區並不平靜。『騙人』這樣的字眼在那兒也能聽見：就算我們打贏了戰爭，人們也沒什麼好高興的；我們屢屢受騙；對英國來說是缺點的東西，對我們來說卻被當成優點。當其他人挨餓時，卻肥了某些人；工人的妻子們被征召服勤，但高級公務員、特別是官員的妻子們卻依然過著如同往常一般懶散的舒適生活。『廢話滿天飛』的狀況比第　次世界人戰時還要嚴重，大部份人都滿肚子怒氣，該是停止騙人的時候了。」

勞工短缺和惡劣的環境

由於國防軍徵召愈來愈多人入伍，導致了長期勞工短缺。納粹政權看到了兩種可能性，一種是拉長工時並壓抑薪資，但此法並不十分成功；第二種可能性就是利用新的人力資源，在納粹德國有兩種勞工來源可加以運用，也就是婦女和外籍勞工。在美國、英國和蘇聯，大

↓德國工人在一座兵工廠中辛苦工作。一般來說，德國軍備工業設備不足，無法滿足總體戰的大量需求。

規模動員婦女結果證明是一套極為成功的方式，德國卻未如法炮製，因為納粹的意識形態強調婦女應該扮演好妻子和母親的角色，而不是工人；並未全心全意鼓勵婦女投入工廠生產工作的結果就是失敗。到了一九四一年對俄戰爭前夕，德國工廠中雇用的婦女人數僅僅比戰爭開始時高了一些。直到一九四三年為止，在德國經濟領域活躍的女性數目都未超過一九三九年五月的水準，當時希特勒的屬下好不容易才推翻他的反對，征召婦女從事戰爭工作。所有的公民都必須進行就業登記，但婦女們發現還是可以輕易逃避就業，因為官員們通常不願強制執行措施。許多女性納粹份子對

此絕望，她們所支持的是一位把健全的家庭擺在納粹意識形態核心的有力領導人，因此她們認為這項政見跳票了，畢竟納粹政策主張婦女的主要功能是為國家哺育兒童，如同教育部的一位女性高階納粹黨員奧古斯特・芮柏－古魯伯（Auguste Reber-Gruber）吐露的：「噢，要是我們的死對頭看到黨多麼惡劣地對待婦女，他們會有多高興。」

德國的戰爭生產極度倚賴外籍勞工，雇用的數目遠比婦女要多得多，到一九四四年時，外籍勞工的數量達到工業生產力的百分之二十一，然而外籍勞工卻無法真正取代技巧熟稔的德國工人。德國人也會

↑大工廠內的德國勞工正在防空避難所內休息。當盟軍加強對德國的轟炸時，這類的防空避難所也變得愈來愈不可或缺。

利用集中營的勞力，在一九四四年，他們的數目從三萬人上升到三十萬人，不過外籍勞工的工作條件完全不一樣，集中營的囚犯會在駭人的工作環境中勞動到死為止。戰後的紐倫堡大審將此形容為「透過工作來種族滅絕」的政策；東方的勞工，像是俄國人和波蘭人，就算沒有工作到死，也會遭受虐待。來自丹麥和法國這類國家的勞工不會受到如此可怕的待遇，但即使是他們也生活在骯髒污穢的環境中，薪資微薄，還會受到德國工人的威嚇欺凌，但德國工人在德國工業區中

→一間德國工廠內的外籍勞工。外籍勞工是額外勞力相當有用的來源，但還是無法真正取代技巧純熟的德國工人。

↑集中營也是奴工的一個來源。在政策主導下，集中營的囚犯被迫在駭人的條件中勞動，直到倒地死去為止。

的條件也每況愈下。

　　希特勒已意識到軍方干預工業的問題存在，他痛斥軍方以不必要的複雜要求加重生產負擔。希特勒想要「更簡單且健全的產業結構」，以及導入「簡化流程量產」的方式，然而艾伯特·史貝爾出任軍備部長時，完全發揮了德國工業生產潛力。他建立了一個中央計劃委員會，把軍備的生產合理化，關閉小公司，並將釋放出來的熟練勞工重新分配。他在國家的層級上決定原物料和資源的配置，為主要的武器系統建立連鎖的生產體系，同時計劃、監督所有的軍事生產。史貝爾的改革帶來效率、協調和管制的大幅改善，也設法降低軍方在戰爭經濟中的角色，因為軍方介入了武器的發展和製造，並大幅延緩了貨品生產。希特勒注意到此種干預意味著他的工業家「總是在抱怨這種小氣的程序：今天訂購十門榴彈砲、明天訂購兩門迫擊砲等等之類的。」軍方的干預意味著德國工業由於相互牴觸且複雜的要求而喪失了優越感，如同一九四四年一群來自瑞希林（Rechlin）的德國工程師所抱怨：「沒有人會認真相信如此不充分、笨拙、混亂、不合時宜的權力，無法承認事實與背離常理等等的狀態竟然可以存在。」史貝爾成功地將軍方排除在戰爭經濟體系之外，並准許由業界的工程師來主導生產作業。這給了生產不少好

處，在一九四三～四四年時有了大幅的成長。

生產體系崩潰

惟有盟軍轟炸在一九四四年夏季取得的成功，才拖累德國的生產體系，最終導致其崩潰。盟軍轟炸的效果可分為兩個面向：首先，轟炸行動直接使生產作業停頓、產量降低，轟炸命中工廠，降低生產速度；美軍的日間轟炸和英軍的夜間空襲也對工業地帶周邊的城市或工廠有所影響，自來水、瓦斯和電力的供應不是被擾亂就是被切斷；鐵路線和公路也一樣，許多規模比較小的零件生產工廠也可能會被轟炸波及。許多這類的損害都會迅速修復，並於數個月、數週、甚至是數天之內重新展開生產作業。

然而除了所有這些以外，轟炸也產生了間接的效果，不僅動搖了勞工的士氣，民眾的身心狀態也持續緊繃，筋疲力盡無法振作。一位德國平民說：「根本沒有人能習慣這些空襲，我希望這一切能趕快結束。我們全都提心吊膽、睡眠不足且情緒緊繃；當人們聽到第一顆炸彈落下來的聲音時就暈倒了。」位於魯爾區科隆的福特工廠曾經歷過部份盟軍最猛烈的轟炸行動，勞工的曠職率在整個一九四四年間達到百分之二十五。在慕尼黑，儘管遭轟炸破壞的程度遠較輕微，巴伐利亞引擎製造廠（BMW）的曠職率在一九四四年夏季也高達百分之二十。政府體認到此一問題，施壓工廠管理階層整飭紀律。

一九四四年五月四日，戴姆勒－賓士（Daimler-Benz）下圖爾克漢（Untertürckheim）廠的廠長概略敘述了一些會嚴格執行的懲罰項目：「不惜一切手段打擊曠職歪風。我特別要求你們參考帝國糧食與農業部長於一九四二年四月七日和一九四三年十月二十日頒布的相關命令，根據其內容，在無理由缺勤（曠職）和工作表現大幅滑落的狀況下，廠長不但有資格、甚至基於職責所在，必須收回違反者之額外糧食配給卡，因為在這些案例中，有必要供應額外糧食配給卡配給的糧食之先決條件已未能履行。」

除此之外還有更嚴厲的懲罰，蓋世太保偶爾也會懲罰員工。下圖爾克漢的另一個例子就可引以為證：「打字員瑪莉亞（Maria）……遭他人向帝國勞工管理人員舉發經常無故曠職……他下令將她監禁起來，直到她待的監獄因發生火災而燒毀；她隨即被轉移到魯德思堡（Rudersberg）的再教育勞動營，七週之後才獲得釋放。」

勝利中的敗筆

盟軍的轟炸也擾亂了量產。史貝爾的副手海德坎普（von Heydekampf）負責戰車生產事宜，指出盟軍轟炸迫使他將生產程序修正為「分割並疏散工廠，根據工廠的地理位置而不是技術力來展開作業。」然而值得注意的是，盟軍對於他們以德國工業為目標的空襲行動所造成的效果，時常感到情

資不足。舉例來說，在一九四四年四月初，盟軍停止轟炸德國的滾珠軸承工廠，因為盟軍的參謀軍官想當然爾地認為他們已徹底摧毀了德國的滾珠軸承生產能量，結果如同史貝爾評論的：「因此，當盟軍將成功掌握在手裡時，卻突然撒手不顧。」

德國的生產設施被迫走向廠房小型化，並加以偽裝。許多德國工廠也開始地下化，使得廠方在擴大生產規模時遭遇更多困難。一九四五年一月，史貝爾粗估，轟炸降低了百分之三十五的戰車生產，百分之三十一的飛機生產和百分之四十二的卡車生產。儘管如此，德國工業和勞工為了貫徹命令，也付出無以倫比的努力和犧牲，例如在一九四五年一月，裝甲車輛的每月平均生產數量達到一千二百五十八輛。史貝爾做出結論，他認為轟炸機的勝利是「戰爭中最慘的損失」。

↓1944 年盟軍轟炸一處鐵路貨車調度場的戰果。盟軍的轟炸不但擾亂了生產，也阻礙了軍用物資的運送。

轟炸中的生活

　　一九四九年，德國輿論研究中心概述了在國家社會主義下生活的一些正面之處：「受到保障的薪資、歡樂力量旅行團和運作順暢的政治體制……因此國家社會主義使他們只考慮工作、適當的食物、歡樂力量旅行團，而政治生活中再也沒有亂象。」一個人如果不 是猶太人、共產黨員或其他各種不良份子，而他也懂得避開危險的話，是可以忍受在希特勒統治的德國生活的。的確如同前文提到的，國家社會主義生活有它好的部分，然而戰爭改變了許多，雖然初期的勝利大大地受到熱烈歡迎，但當衝突拖長時，一切都改觀了。

　　就輿論而言，當德國陸軍看起來所向無敵時，政權深得人心。德國納粹社會福利辦公室的一名工作人員海狄‧布倫德勒回憶起她的家

←←1943 年，德軍士兵仔細搜索轟炸過後的斷垣殘壁。

↓1944 年 4 月 20 日希特勒五十五歲生日當天，在一座遭到轟炸的建築物外牆上有一塊布條，上面寫著：「我們恭賀德意志的第一工人：阿道夫‧希特勒」。

人對法國淪陷的反應：「德國在法國獲得偉大勝利後，國內的氣氛令人難以置信，每一個人都欣喜若狂。當官方宣布戰鬥結束的消息時，我的父親喝得酩酊大醉。法國崩潰和英國戰敗退回本土的消息，簡直令人難以相信；當我們的男人平安回家時，我知道我們終於可以完全放心了。我的丈夫路德維希曾經歷過部份戰鬥，但他宣稱從未陷入真正的危險中。他當然十分高興能夠返家和妻子與女兒團聚，因此我們好好慶祝了一番。」德國人在戰爭爆發時沒有太多熱情，然而隨著希特勒帶來迅速且相對來說較不痛苦的成功，他們滿心歡喜。

不過，隨著戰爭曠日持久，德國無法擊敗英國，再加上德軍於一九四一年入侵蘇聯，人們開始擔心。一九四一年七月二十九日，保防處在發自斯圖加特（Stuttgart）的一份報告中提到一股不快的情緒：「在內政上，儘管飲食狀況多少已有進步，但人民的情緒和神態依然沮喪、擔憂、充滿不信任、煩惱和受挫。」同年八月六日保防處另一份發自萊比錫（Leipzig）的報告內容充滿更多疑慮：「東線上的許多事件引發人們極大的關切，雖然沒有人懷疑蘇聯將被擊敗，但他們也沒有料想到會有如此頑強的對手。人們料到會有慘重的損失，

↓在柏林菩提樹下大道（Unter den Linden）柯朗茨克（Kranzker）咖啡館的寬陽台上享受午後陽光的平民和軍人，後來糧食配給和轟炸就成為常態了。

A 1	A 2	B 1	Kartoffeln 1	Kartoffeln 2	Hülfenfrüchte 1	Hülfenfrüchte 2	Fleisch oder Fleischwaren 5	Fleisch oder Fleischwaren 4	Fleisch oder Fleischwaren 3	Fleisch oder Fleischwaren 2	Fleisch oder Fleischwaren 1
A 3	A 4	B 2	Kartoffeln	Kartoffeln	Hülfenfrüchte	Hülfenfrüchte	Fleisch oder Fleischwaren 10	Fleisch oder Fleischwaren 9	Fleisch oder Fleischwaren 8		Fleisch oder Fleischwaren 6
ohle 1	Kohle 3	B 3						Fleisch oder Fleischwaren 11		Brot oder Mehl 4	Brot oder Mehl 1
Kohle 2	Kohle 4	B 4						Fleisch oder Fleischwaren 12		Brot oder Mehl 5	Brot oder Mehl 2
eife 1	Seife 3	Zucker und Marmelade 4						Brot oder Mehl 7		Brot oder Mehl 6	Brot oder Mehl 3
eife 2	Seife 4	Zucker und Marmelade 3						Brot oder Mehl 8		Milch-erzeugnisse Öle und Fette 6	Milch-erzeugnisse Öle und Fette 3
Eier 3	Zucker und Marmelade 2	Nährmittel 4	Nährmittel 3	Kaffee, Tee oder Kaffee-Ersatz 4	Kaffee, Tee oder Kaffee-Ersatz 3	Milch 4	Milch 3	Milch-erzeugnisse Öle und Fette 8		Milch-erzeugnisse Öle und Fette 5	Milch-erzeugnisse Öle und Fette 2
Eier 4	Zucker und Marmelade 1	Nährmittel 2	Nährmittel 1	Kaffee, Tee oder Kaffee-Ersatz 2	Kaffee, Tee oder Kaffee-Ersatz 1	Milch 2	Milch 1	Milch-erzeugnisse Öle und Fette 7		Milch-erzeugnisse Öle und Fette 4	Milch-erzeugnisse Öle und Fette 1

Ausweiskarte

Herrn
für Frau
Fräulein　Brunhilde Brandt　(Vor- und Zuname)
Lebensalter:　26 Jahre
Beruf:　Ehefrau
Wohnort:　Berlin-Schwarzjauch
Straße:　Kirch　Nr. 9
(Platz)
Gebäudeteil:　von I Treppe

Rückseite beachten!

↑德國的糧食配給卡。雖然糧食配給在剛開始時算是足夠，但納粹政府被迫在 1942 年春季減少份量。

包括我方在內，也預期我軍在人員和物資方面的損耗，長期下來將會使我們無法達成戰爭真正的目標，也就是擊敗英國。也有人對於在戰時冬季將再度降臨、加上工作艱辛卻只有最低限額食物的狀況感到憂心忡忡……」

　　這份報告說明了第二次世界大戰時期德國人民最關切的兩件事：首先是當戰鬥的代價愈來愈高昂時，他們愛人的安危，以及強制進行的糧食配給制度。關於後者，我們再次引述海狄・布倫德勒的話：「當戰爭開始時，每一個人都拿到了糧食配給卡，起初每一件事看起來都井然有序，完全沒有發生短缺狀況。我們聽說了從盟國方面傳來的謊言，指出德國因為英國和法國的封鎖，在各方面都遭遇到困難，我知道我們的報刊都由戈培爾博士掌控，會拿這些東西來開玩笑。事實上，儘管有人失去了我們從未享受過的奢侈品，但有一段時間確實並未發生真正的物資短缺情況，基本食物的供應從未短缺，直到一九四三年左右為止。」

　　物資短缺、還有在分配物品時產生多少有點不公平的感覺，加上有錢人和那些關係良好的人有特殊優惠，創造出一種助長非法交易和黑市的風氣。一名納粹區黨部主管特別提到人民要求「首先是絕對的公平」，並特別不滿某些狀況，舉例來說，當禽肉沒有配給時，馬肉

卻有，而且貴得離譜。

「若不是雜貨店或市場攤販長期的老主顧、任何沒有時間等待並排隊的人，任何太有禮貌而不好意思往前擠的人，到哪兒都只能忍耐拿到最差的商品。暗盤、走後門、黑市和以物易物難免價格驚人——在這種情況下囤寶和搶購只會不斷增加；同時，沒有『關係』或時間、機會去非法買賣，或是良心不允許他們犯法的那些人，他們的痛苦也會與日俱增，這實在不足為奇。」

遠去的美好

瑪提爾德・沃爾芙–蒙克貝爾格（Mathilde Wolff-Mönckeberg）寫信給孩子，談到她如何度過日常生活：「信不信由你。我也得像其他人那樣去以物易物，這還挺有趣的……我們有張大餐桌擺在地下室裡……它又老又舊，不但受潮，而且還歪一邊。許多年來，我們一家人都會一起坐在這張餐桌前，吃著美味豐盛的大餐……一想到過去的點點滴滴，我心裡就一陣難過，但現在我們不能再這樣多愁善感下去了。我用這張餐桌換到油脂和肉品，還有桌子的新主人從她的小賣部裡帶回來的許多熟食。但在這些日子裡又能做些什麼事呢？人總是要吃東西，可是市面上什麼都買不到。」

貝提・布羅克豪斯（Betti Brockhaus）是德國空軍的民間雇員，回憶起當局盡一切努力防止這

類狀況發生：「當供應品的數量和品質變得愈來愈糟的時候，東西就變得非常珍貴，所有我們拿得到的東西看起來就只有馬鈴薯、麵包、香腸和包心菜……官方的檢查日趨嚴格，也不斷緝黑市交易和轉賣軍用物資至民間的行為。有一天，科隆的蓋世太保為了調查一樁不當獲得暴利的醜聞，甚至找上門來。」

蓋沙・哈賀曼（Gesa Hachmann）在當時還是個孩子，猶記得他的母親在思想上的轉變：「有一次我問母親，『什麼是和平？』她答道：『當人們再度相親相愛的時候。』『那我們能，』我又問，『我們能去雜貨店，然後說「請給我兩顆雞蛋」嗎？』『不可以，』母親說，『在平時你可以說給我七顆或八顆雞蛋，或是一人一顆，不管多少人來都可以。』『那奶油，』我問，『我們可以一口氣買半磅的奶油嗎？』然後我的母親說，『你可以買兩磅奶油，或是你想買多少就買多少。』然後我就說：『那麼，當我可以在一片面包的兩面都塗上奶油的時候，就是和平。』」

有一則一九四三年開始流傳的笑話值得一提：

顧客：你有哪些品種的狗要賣？

店員：北京狗、貴賓狗、約克夏……

顧客：停，等一下，你沒有賣可供五人家庭享用的大狗嗎？

→→總體戰的宣傳海報。這幅海報將婦女留在家庭的犧牲和軍人在前線忍受的犧牲一視同仁。

↑女性口琴演奏家舉行街頭音樂會，而她們的同事就在一旁進行戰爭募款活動。在戰爭中那段艱困的日子裡，音樂是一項娛樂活動，可以分散民眾的注意力。

古怪生活中的消遣

　　儘管日子難過，人們會到處找樂子來維繫他們的士氣。瑪提爾德·沃爾芙－蒙克貝爾格在她寫的同一封信中解釋：「我們生活並未總是只有現實，生活重心並非完全集中在商業交易上。之前我從未像現在度過戰爭的第五個冬天一樣，聽了如此多美妙的音樂。我們花錢買季票，聽各式各樣的音樂巡迴演奏，風雨無阻，甚至在下雪時前往下午四點於音樂廳舉行的音樂會……人們比往常更需要以精神和藝術層面上的滿足來重建自我……以莎士比亞為主題的公開演說擠滿了聽眾，各式各樣的人塞爆最大間的講堂，而在過去他們連做夢都不會想要來。」

　　在第三帝國境內共有超過七千家電影院，光是柏林一地就有四百家，戈培爾不擇手段讓他們繼續營業，即使受到盟軍轟炸，連主要城市都變成廢墟也一樣，因為他明白這些電影院對人民士氣的重要性。他認為無線電廣播也差不多至關重要，因為每個人平均每天會花上四個半小時收聽廣播，在廣播中會持續播放音樂，讓全國民眾保持心情愉快。然而，由於人民面對極端的狀況，特別是空襲愈來愈嚴重，一種拋棄壓抑並聽天由命的欲望攫取了某些人。年輕的普魯士貴婦烏爾蘇拉·馮·卡爾多夫（Ursula von

Kardoff）在她一九四三年十二月十三日的日記中抓住了這種情緒：「生活很古怪。忽上忽下，時好時壞，但總是多彩多姿。昨天在采倫多夫（Zehlendorf，柏林郊區的高級住宅區），人們在那裡毫無節制地飲酒。大家都在互相調情，屈服於瓦解的情勢下。婆娑沉溺。」

她在四天後記錄：「在每一次空襲過後，我同樣都會感受到一股無法遏制的生命力。當你還有機會回到這個世界的時候，你會不歡欣擁抱它嗎？這大概就是為什麼我們貪婪地抓住每一次機會開派對狂歡享樂的理由。」

空襲的日子

空襲行動成為德國城市居民生活的主要部份，特別是從一九四二年底起英軍改進了轟炸技術之後。然而，對德國城市的首次攻擊發生在一九四〇年八月二十六日，由於英軍被逐出歐洲大陸，轟炸成為進行攻勢作戰唯一可用手段，摧毀德國人民的民心士氣也的確成為英軍空中戰役公開宣稱的目標。當皇家空軍開始更有效地作戰，取得更大且更好的機種、雷達導引系統、目

↓1944 年，柏林愛樂交響樂團由威廉・福特萬格勒（Wilhelm Furtwangler）指揮，在一座軍備工廠中為工人們演奏貝多芬的作品。

戰火中的帝國

德勒斯登大空襲

2

1. 俄國人在1945 年 2 月的雅爾達會議中，要求對他們進軍路線前方的交通中心進行攻擊，德勒斯登雀屏中選。

2. 轟炸該城的五百二十七架美軍轟炸機當中的三架。

3. 轟炸過後的殘酷任務就是辨識死者，若是屍體嚴重燒焦的話就不可能辨認出身分。

3

4. 轟炸機群將德勒斯登的所有區域變成一片廢墟,但在第一波攻擊的兩天後火車就開回該市。

5. 1945 年年初,德勒斯登塞滿了逃避紅軍的難民(該市的公園變成臨時收容營地),還有二萬六千名盟軍戰俘。這導致了大量傷亡,估計有高達七萬人死於盟軍轟炸。

6. 在空襲過後,當局在市區內張貼告示,警告趁火打劫者將遭受嚴厲處罰(由於該市有大量的外籍勞工,這類公告會以數國語言印製)。

標標定系統、並導入區域轟炸法——也就是針對城市進行「地毯式轟炸」，而非攻擊某一特定工廠——對德國人民的衝擊也日益升高。一九四二年，美軍加入了皇家空軍的行列，進行日間轟炸，而英軍則進行夜間空襲。

這支聯合轟炸機部隊在一九四三年七月二十四日至二十五日襲擊了漢堡。不幸的是，這次作戰被命名為蛾摩拉作戰（Operation Gomorrah），超過三萬人死於空襲和隨後而來的火風暴中：由於溫度極高，因此產生了一種龍捲風效應，氧氣被吸進火燄裡，其力道大到足以把人拖進火燄中。在這次空襲中劫後餘生的伊妮絲・呂斯說（Ines Lyss）：「你已經可以聽到炸彈的呼嘯聲，我們很自然地就拔腿狂奔，我還記得一開始是坐在地下室的一張小木板凳上，然後當第一批炸彈擊中時，每個人都跳了起來。瓦礫碎片在空中橫飛，牆壁也崩塌了。當這一切看起來毫無停止的跡象時，人們開始祈禱，有些人甚至開始尖叫；當炸彈持續落下時，四處漫延的恐懼令人難以置信。我們徹底麻痺了，我也開始禱告：『噢，親愛的上帝……』我們都不怎麼信教，所以是說『噢，親愛的上帝。』我繼續說：『我再也見不到尤普（Jupp）了、我再也見不到尤普了。』那時他是我的未婚夫。」

克勞斯・屈恩（Klaus Kühn）是一名希特勒青年團高射砲輔助人員，描述了漢堡的空襲避難所：

「地下碉堡蓋在地面下九十至一百八十三公分（三至六呎）處，由二到四條約四十六公尺（一五〇呎）長的隧道組成。這些隧道的間隔距離都非常遠，由防火門連接。你要走樓梯才能進入這些碉堡，就像在地下車庫裡。一旦你走下樓梯，就必須走過一條長長的走道，二到三條隧道會和這個主要入口連接，根據碉堡的規模大小而訂。這些隧道說穿了不過就是漫長、狹窄的走道而已，在兩邊有凳子。每一條隧道都用厚重的混凝土牆隔開，以防萬一其中一條隧道被直接命中摧毀，還會波及到其他的隧道。」

然而在火風暴中，直接中彈不是唯一的危險，就像接下來的這段說明。埃里希・安德烈斯（Erich Andres）正在漢堡探望他的妻子，但幸運的是他們離家很遠，但也因而目睹了劫後餘波：「沒有一棟房子是屹立著，整個街區就是一個巨大的瓦礫堆。他們在星期一的夜晚遭到轟炸，雖然我到星期六才回來，但餘溫依然炙熱無比，房屋的牆壁還是熱的。最後我終於回到家，情況非常糟糕，窗戶變成了燒得焦黑的洞，走進屋裡後，我必須把炸得稀爛的家具搬開才能前進……走到通往地下室的樓梯。不斷從樓梯下吹上來的風依然熱氣逼人……床還沒被燒掉，上面躺滿了人。我再也無法忍受那種熱度和難聞的氣味，就調頭走上樓梯。」

那裡大概死了三十或四十個人。那間地下室塞滿屍體，全都是窒息而死的人，因為空氣全都被火

風暴吸光了：「我經過一些躺在一起的屍體，大部份衣衫不整，看起來像是那些女人扯掉了她們的衣服，可能是因為她們身上著了火、或是無法忍受高溫。也許衣物是在她們意識不清之後才著火，這就可以解釋她們為什麼不是半裸就是全裸。在這一堆屍體中間，我注意到有一個十歲大的男孩躺在那裡，緊緊抱住其中一位防空管理員，這個男孩一定是用盡生命中最後一口氣沿著地板爬過來，爬到很可能已經窒息而死的管理員身上。」

希特勒青年團團員烏維‧科斯特（Uwe Köster）參與了善後清理工作：「我們把一具具屍體堆積起來，大概高達三十到三十五層左右。我們把屍體全部堆在一起，如果你在兩三天之後經過這裡時，一定得用玻璃紙蓋住眼睛，因為每一

↓1943 年 5 月，美軍對基爾（Kiel）進行日間轟炸。雖然空襲行動未能徹底動搖民心士氣，但卻增加了本土戰線感受得到的全面性緊張。

樣東西都在冒煙。空氣完全凝結了，有三到四天的時間我們沒有任何一絲陽光，只有完全一片黑暗。我們只能看見遠方有個血紅色的球體，無法穿透徘徊在漢堡上空達數天之久的陰暗雲層，當中全是煙、渣和灰燼。每一間房子的入口處都堆著屍體，當你經過的時候就會看見一隻隻的腳，有些是赤著腳，有些則黏著燒焦的鞋底，這些屍體已無法辨識。在兩三個星期後，我們不時還會把整個家族的人從他們躲藏的地下室裡挖出來，他們全都能塞進一個浴缸裡，即使是成人也變的很小，他們因為高溫而燒焦、熔

化，完全變成木乃伊。沒錯，把屍體堆在房屋的入口處附近實際上是把他們從大街上移開最快也最好的辦法。過沒多久之後，他們就會被埋到萬人塚裡。」

至於生還者還得在浩劫後獲得照顧。少年沃爾夫‧索海格（Wolf Sohège）還記得漢堡空襲過後發生的事情：「空襲過後，每一項工作都有條不紊地進行，這讓人十分驚訝。物資一下子就全搬出來了，食物等等之類的……機動廚房、紅十字會和其他類似的組織也在現場把食物調理好。他們在市區外的空地上發放熱食……照護傷患的工作也

↓1943 年 7 月，蛾摩拉作戰對漢堡造成的破壞。7 月 24 至 25 日，英國皇家空軍和美國陸軍航空隊聯手攻擊該市，高達三萬人死亡。

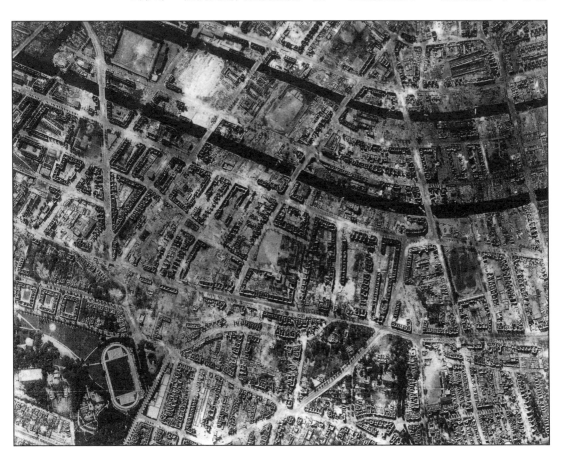

←盟軍空襲過後，兩名婦女從廢墟裡把一名受傷的兒童抬出來。在大部份德國城市中，盟軍空襲變成日常生活中不可分割的一部份。

并然有序，要想辦法把他們運走。有些人的燒傷過於嚴重，因此必須把他們放在擔架上抬離現場。當白磷彈擊中房屋時，裡面的磷就會沿著樓梯往下流，然後流到大街上……屋裡的人們就像一支支活生生的火把般衝出屋外，任何幫得上忙的人就會協助把火撲滅。卡車或救護車會把嚴重燒傷的人載走，有時候人們也會把他們抬到附近的地方，救護車會在那裡把他們載走，但駕駛們必須小心不能讓車子的輪胎碰到磷，不然的話橡膠會馬上燒起來……市中心的醫院馬上就爆滿了……當然地方醫院也會迅速擠滿燒傷患者，這些人不是二級、就是三級燒傷，可是醫院根本就沒有燒傷病患專用的特殊病房。」

在每一場空襲間的生存

　　盟軍持續轟炸，到了一九四四年年底時，大部份德國主要城市均遭受慘重且持續的轟炸。事實上除了實質的危險外，空襲行動也對德國平民百姓產生心理層面的影響。有些人無法忍受此一狀況，凱特‧布羅依爾（Kaethe Breuer）還記得她的鄰居在一次空襲行動中拒絕躲進地下室裡：「我先生往上走到他們的公寓裡，就發現他的太陽穴中

彈，手槍則掉在地板上；他自殺
了，他再也受不了。」他的自殺似
乎對他太太有所暗示，因此凱特·
布羅依爾的丈夫就把手槍拿走，隨
身保管。當醫生確認死因後，自殺
者的太太表示：「布羅依爾先生，
多謝你把手槍拿走，醫生說那是一
塊彈片，否則我就不能申請保險補

助了。」

　　甚至連身經百戰的軍人們休假
在家時，也得拚命地捱過轟炸。
英格·麥恩－孔邁爾（Inge Meyn-
Kommeyer）走到樓下，發現她的
哥哥穿著軍靴，在廚房裡來回踱
步：「我說：『艾迪（Edi），你
到底在幹嘛？你瘋了嗎？把靴子給

↓1945 年 7 月，「廢
墟清除女工」正在清理
三年來英軍和美軍對柏
林猛烈且持續之空襲行
動炸出的瓦礫堆。

我脫掉！』他看了看我然後說：『為什麼？』我說：『現在是早上六點鐘，我們所有人都還想睡覺！如果你睡不著的話，那就把衣服穿好，去院子裡走走，或到公園裡散步。去做你任何想做的事都好，就是不要穿這雙他媽的吵得要死的靴子在這裡走來走去，搞得大家睡不著！』他臉上帶著恍惚的神情瞧了我一眼，然後說：『那我回去好了！』我問：『回去哪裡？前線嗎？』『對！』他這麼回答。他無法忍受盟軍空襲，因為他覺得不能像在前線一樣防衛自己。」

對於盟軍空襲德國的行動以及所產生的效應，希特勒的態度是什麼？史貝爾對元首關於盟軍空襲行動的看法做出透澈的洞察，當希特勒得知一場特別嚴重的空襲時：「希特勒明顯因這些（轟炸）報告感到震撼不已，雖然不太是因為平民的傷亡、或是住宅區遭到轟炸，而是因為有價值的建築物被破壞，像是劇院……因此，他多半要求立即重建被炸毀的劇院。」

至於談到視察被轟炸的城鎮和市區時，希特勒對此不感興趣。史貝爾再次說道：「我試著勸過幾次希特勒去遭受轟炸的城市視察，讓他在那裡亮亮相，同樣的想法戈培爾也建議過，但都白費唇舌。」的

確，由於他對巡視轟炸造成的損害不感興趣，因此當他驅車穿越慕尼黑或柏林時，都會命令司機走最短的路線；備受打擊的德國城市並不適合他的千年第三帝國大夢。

然而大部份一般人民所能做的事，就只有忍耐，他們沒什麼選擇（說來也奇怪，他們從未因為如此困境而直接指責希特勒，反而是批評他的部屬）。儘管英國皇家空軍和美國陸軍航空隊（US Army Air Force, USAAF）對德國城市帶來嚴重破壞，也造成慘重的人命傷亡，民心士氣從未真正崩潰，德國人民繼續以身家性命堅持到底，之後再來考慮心理上的代價。胡果·史泰坎普爾（Hugo Stehkämper）舉了一個適當例子：「你學會在每一場空襲間生存，這變成例行公事……很自然地，當你住在大城市時，每天都在冒生命危險，只不過是帶著某種程度的無關緊要繼續日復一日地生活。在實際轟炸的時候，這種無關緊要的感覺就被致命的恐懼取代，擔心生命安危，這樣的恐懼到今天依然糾纏著我。即使是在超過四十年以後，我還是無法觀賞有關轟炸的影片，那至少會讓我失眠三個晚上。這些回憶依然歷歷在目，只會加深我的痛楚，就像撒在傷口上的鹽一樣。」

最後戰役

「西線的弟兄們！你們偉大的時刻已經來臨！今天，強大的突擊部隊向英美聯軍展開攻勢，我不必多言，相信你們全都可以感覺得到。不成功，便成仁。為了我們的祖國、為了我們的元首，諸位一定要堅持克盡厥職、實踐非凡行為的莊嚴誓約。」

一九四四年十二月十六日，德國陸軍元帥倫德斯特發佈上述命令，在阿登（Ardennes）地區發動攻勢。這樣的言語令人感到熟悉，因為希特勒和其麾下的資深將領在一九四二至一九四三年間蘇聯境內的頹勢發生時，就已做過類似的勉勵，有那麼一段時間還多多少少獲得了成功。這波攻勢以及蘇軍的推進在維斯杜拉河（Vistula）前暫時停頓，提高了民心士氣，第三帝國的救贖看起來已緊緊在握。在那時，國家宣傳部的報告中提到「耶誕季節一般來說看起來是在良好的精神，以及對未來充滿信心的氣氛中度過。」這份報告繼續指出：

←←一個德軍 MG42 機槍小組趴在廢墟中，試圖阻止紅軍不屈不撓的前進。

↓挺進中的紅軍部隊。到了1944 年年底，他們已經在第三帝國的邊界摩拳擦掌。

「德軍在西線的攻勢甚至對那些徹底悲觀、和因為相信領導階層而必須悶不吭聲的平民造成了深遠影響。整體來說，對國防軍、對政治領導階層、特別是對國家社會主義德意志工人黨的信任已大幅提升了。」

不過這樣的樂觀用錯了地方。到了十二月二十三日，阿登攻勢已經失敗，蘇軍則在一九四五年一月

↓1942 至1944 年時的德軍西線總司令倫德斯特陸軍元帥。希特勒於一九四五年三月將他免職。

十二日發動了戰爭中規模最龐大的單一攻勢。由於西線的攻勢耗盡了人力，進而削弱德軍的抵抗力量（阿登攻勢中，德軍在人力方面付出的全部代價為十萬人陣亡、負傷或被俘，另外還要加上八百輛戰車和一千架飛機；美軍則有八萬一千人陣亡、負傷或被俘，英軍損失一千四百人）。儘管國防軍官兵無疑表現出「超人般」的努力，然而東方的紅軍，以及從法國進發的西方盟軍大批部隊卻把戰爭導向德國的土地之上。

紅軍對第三帝國的攻勢首先以長達五個小時的砲兵射擊揭開序幕。光是在東普魯士和波蘭，蘇軍就投入了一百八十個師，當中裝甲師的比率相當高，德軍在東線只有七十五個師，從波羅的海一路延伸到喀爾巴阡山（Carpathian），而且所有的師都未達滿編狀態。陸軍總部計算出蘇軍在步兵方面擁有十一比一的優勢，戰車部份則為七比一，國防軍很難有所做為來抵擋他們，古德林提到：「到了一月二十七日，俄軍的狂潮對我們來說已是徹底的災難。」的確，東、西普魯士和第三帝國本土的聯繫已被切斷，而在當天，朱可夫的部隊經過兩個星期的急行軍，越過三百五十公里（二二〇哩）的距離後，渡過了奧德河（Oder），在德國的領土上站穩腳跟，離柏林只有一百六十公里（一〇〇哩）。

沒有多少德國人願意待在家裡等著蘇軍入侵。幾乎所有住在東普魯士的居民都決定逃離戰區。疏散

行動的組織相當差勁，災難般的運輸狀況使局勢更加惡化。大批難民冒著冬季惡劣的天氣狀況，吃力地向西前進。試圖越過結冰的新瀉湖（Frische Haff）十分危險，一名少女生動描述了難民艱苦跋涉逃出生天的過程：「冰層相當脆弱，而在我們要涉水而過的地方深達二十五公分（十吋）。我們不斷地用棍子敲打面前的冰層，看看是否真的可以通過……通常有人滑倒的話，則會認為他已經不行了。我們的衣物早已溼透，讓人舉步維艱，但是死亡的恐懼使我們忘卻身體的顫抖。

我看見婦女們展現出超人般的英勇，她們身為集體逃難的領導者，憑直覺找到可承受馬車通過的最安全路線。冰面上四處散落著家用物品，受傷的人以求助的姿態爬向我們，拄著拐杖蹣跚地走著，其他人則坐在小雪橇上，由同伴拖著。」

地獄般的旅程

食物短缺，也沒有乾淨的飲水。安妮‧瑟迪希（Anne Seddig）帶著她一歲大的兒子齊格飛（Siegfried），仔細描述了這次糟透了的旅程：「根本沒有東西可

↓在阿登地區，德軍傘兵搭乘一輛虎王戰車。國防軍在這場戰役裡消耗了許多寶貴的人力儲備和物資。

以吃。齊格飛非常口渴，而且雖然我又懷孕了，我仍然用母乳餵他；我也用嘴來把雪溶化，如此一來他就有雪水可以喝，畢竟我們還有雪。」

再回頭看看那位少女的描述，他們的狀況正持續惡化：「第二天，我們朝但澤（Danzig）走去，一路上目睹了令人毛骨悚然的景象。母親們陷入極度瘋狂的狀態，把孩子們扔進海裡，也有人上吊自殺，其他人則撲向死馬，切下一塊塊馬肉，然後圍著路旁野火烤起肉來。婦女在馬車上生產。每個人都只想到自己，沒有人幫助病弱的人。」這名少女和姊姊與母親成功抵達相對安全的圖林吉亞（Thuringia）的蓋拉（Gera），但其他人就沒這麼幸運了。在向西前進的龐大難民潮中，估計約有一百萬德國人死亡。

那些選擇不逃走、或是被閃電般迅速推進的蘇軍部隊抓住的人，同樣殘酷的命運正等著他們。紅軍在穿越被德國佔領的歐洲挺進時，表現相對良好；然而一旦蘇軍官兵抵達德國領土，他們就全心全意地縱情於謀殺、強姦、劫掠和毀滅的可怕狂歡中。由於紅軍士兵解放被佔領區域時遇到的第一手證據（包括集中營），以及不斷對他們灌輸的反德宣傳，加上德軍佔領蘇聯部份地區後表現出的野蠻本質，他們的行為至少是可以理解的，但這個理由並不能抹滅他們所做出的駭人行為。安妮・瑟迪希終究還是碰上了蘇軍部隊：「俄國人靠上來，用火炬照亮我，然後其中一個說：『有個地方可以讓你這女人待著。』那個地方是一處防空避難所，裡面有一張桌子，當晚我躺在那張桌子上，俄國人就一個接著一個地輪姦我，我快要死了，全身抽搐，心裡只有憎恨……他們當我們是動物。我不知道到底有幾個人在那裡，十或十五個吧！他們就是一個接一個地來，一個完事之後又是下一個。我記得他們當中有個人本來也要幹同樣的事，但他不久之後說：『到底有幾個同志已經搞過了？把妳的衣服穿好。』」

俄國人的暴行恣意妄為。芮娜特・霍夫曼（Renate Hoffman）被強姦了：「他們用槍指著大家的頭，如果有人試圖保護自己，就一定會被槍斃。你唯一能做的事就是假裝成一顆石頭、或是已經死了，接下來發生了什麼事我就不想說了。」她有一位年齡較長的親戚也被強姦：「我的阿姨和母親都已經超過五十歲了，而且她們也都被年輕的俄國士兵強姦。」不過有些人還是成功躲過被強姦的噩運。當蘇軍抵達柏林時，海德葳希・薩思（Hedwig Sass）正在城內：「我們當中大部份人都試著把自己打扮成看起來比實際年齡老許多。我們故意穿著破爛的衣服，但俄國人總是說：『妳一點也不老。妳很年輕。』他們嘲笑我們身上穿著的破衣服和戴在頭上的舊眼鏡，他們知道我們是夠格的貨色！」一九四五年時，據估計有兩百萬名德國婦女被紅軍士兵強姦。

←←1944 年 12 月阿登攻勢期間，德軍部隊在一輛被擊毀的美軍半履帶車旁稍做休息。這次攻擊在剛開始時讓美軍猝不及防。

國民突擊隊

　　這類行為大部份發生在戰鬥繼續進行的時候亦然，甚至在戰爭結束後。雖然德國的資源已嚴重枯竭，但戰鬥本身還是如同以往一樣激烈殘暴，幾乎只要是任何拿得動步槍、或是更常見的鐵拳反戰車武器的男人或男孩，都被強迫入伍。令人絕望的人力短缺狀況和德國所面對的悲慘局面，導致了「國民突擊隊」（Volkssturm）的誕生，這是一支德國的「本土防衛隊」。希特勒下令國民突擊隊將包括「所有

年齡在十六至六十歲之間還拿得動武器的德國男性，他們將運用所有被視為的武器和手段來保衛家園。」儘管希特勒的秘書馬丁・波爾曼堅持：「德國國民突擊隊的隊員符合海牙（Hague）公約的陸上戰鬥章節中對戰鬥人員的定義。」事實在於組建這支部隊的十月命令中提到「所有國民突擊隊隊員不論階級為何，都將發給制服和裝備」，有時候這意味著當他們被俘虜時，如果是穿著平民服裝並攜帶武器的話，就會被立即槍決。

　　國民突擊隊從來就不是一支認

↓德軍戰俘（他們是空軍人員）在美軍憲兵的監視下，步行進入戰俘營。當盟軍深入德國境內時，這樣的景象愈來愈常見。

真的戰鬥部隊，其人員經驗不足、缺乏訓練，只有最低限度的裝備，因此他們的士氣也十分低落。一名來自巴伐利亞北方農村地區富爾特（Fürth）的國民突擊隊隊員為這些單位的素質和士氣做了最佳的寫照：「我從來沒當過兵，因此我對一切都毫無頭緒，而且當他們在諾伊史達特（Neustadt）發放『制服』時，他們打算給我一件衝鋒隊大衣，還有一套勞動役制服。我沒有拿大衣，理由是它太大件了，不過說真的，我不喜歡那件大衣上的一大堆黨章，因為我不是黨員。然後他們又給我另一件大衣，這回是勞動役的，不過這件又太小了，但我還是收下了，還把所有的鈕扣都拆下來。在我們第一次的檢閱中，我為這件事發了一頓脾氣。我的一個同袍也得把鈕扣縫回大衣外緣，否則我就不能穿這件大衣。如果我摒住呼吸的話，也許可以把扣子扣上。經過一名騎士十字勳章得主長達三小時的指導後，我們已經『準備好』使用火箭筒。我們那一排共有二十三個人，但卻只發配十二組武器，我沒有拿到、也不想自己花力氣去弄一組來，總之我不了解他

↑1944 年 9 月 25 日國民突擊隊成立時，兩名表情歡欣鼓舞的隊員。從照片中可以看得出來國民突擊隊隊員的年齡，以及他們穿著的破舊服裝。

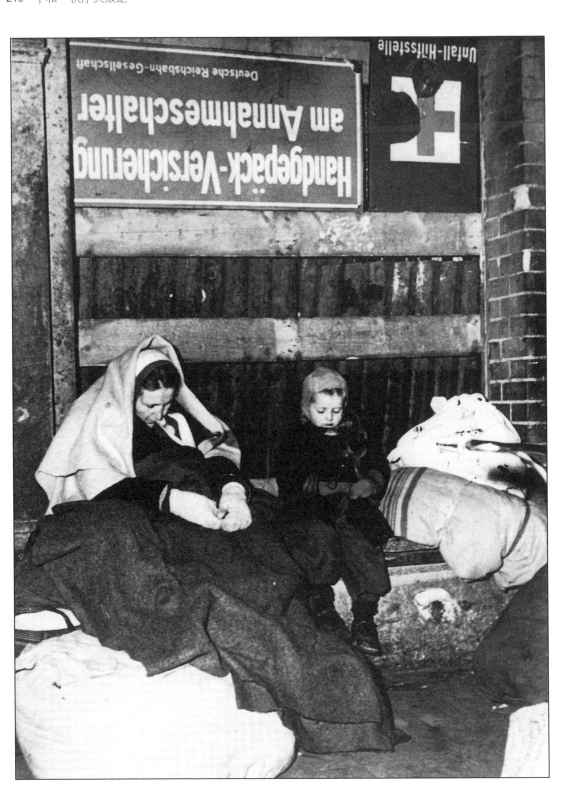

們是怎麼搞的。」

當這些單位面對身經百戰的紅軍或裝備精良的英美聯軍時，不難想像會發生什麼事。一名防衛杜塞道夫周邊地區的裝甲兵軍官羅夫・保羅斯（Rolf Pauls）詳細描述了科隆的黨部主管（負責管理轄區內的所有經濟和政治活動）和他的師長間的對話，前者表示他將會派出約三萬五千名國民突擊隊隊員來協助防禦工作，還侃侃而談他們迫不及待地準備防衛家園：「聽到他這樣說，我的師長根本氣炸了，他馬上吼回去：『我可以跟你講國民突擊隊迫不及待地想幹嘛——他們迫不及待地想要趕緊滾蛋！過去的二十四小時已經證明了這一點，他們向四面八方逃竄，而且跟你說真的，我不怪他們。』」

國民突擊隊各單位間普遍士氣低落現象的例外，是一部份年輕人，也就是接受納粹主義教條灌輸的希特勒青年團團員。華爾特・克那普（Walter Knappe）是一名傷殘的空軍軍官，在戰爭初期身受重傷，一九四五年四月時奉派前往柏林指揮一個希特勒青年團單位：「我們用火箭筒對抗戰車。我手下熱情的希特勒青年團小伙子們甚至在還沒學會好好操作火箭筒時就衝進俄軍火網中，那真的十分危險。當任務取消時，我高興得要命，終於能把他們全放走了。我太瞭解那瘋狂的熱情了；他們懷抱著為德國而戰的信念，一步步走向滅亡。」

二十四歲的古斯塔夫・許慈（Gustav Schütz）於一九四二年時

失去左臂，在戰爭末期率領十四和十五歲大的少年投入戰鬥，他也看到類似的狀況：「孩子們因為能夠如同『軍人』般作戰以爭取最後勝利而感到興奮不已。只有戰爭盡快結束，我們才有希望把他們平安地帶回來。」

熱情並無法彌補訓練和裝備的不足。較年長的巴伐利亞國民突擊隊隊員胡果・史泰坎普爾也有相似的回憶，他說：「一九四五年二月，也就是我十六歲生日前兩個月，我被徵召進國民突擊隊。他們塞給我一套你在戰爭期間連看都沒看過的老舊黑色黨衛軍制服、棕色的托特（Todt）組織大衣和藍色的空軍輔助人員帽子，我們覺得這樣子打扮看起來就像稻草人，而且對於他們給我們戴上的法軍鋼盔感到十分羞恥。對我們來說，這樣並不符合德國軍人的形象；身為十五歲的男孩們，嗯，如果即將被動員的話，我們想成為名副其實的德國軍人，而不是像個法軍。」

即使如此在戰爭的最後一個月，這類單位見證了大量的戰鬥。一九四五年四月十六日，朱可夫對柏林發動最後突擊，首先他必須突破德軍在柏林東方塞羅高地（Seelow Heights）上的防線。希特勒已下令防衛柏林時務必「戰至最後一人一彈」。儘管德軍已處於絕望的態勢，他們還是進行了狂熱的抵抗，在他們之中有許多人是加入國民突擊隊的希特勒青年團團員。羅塔爾・洛沃（Lothar Loewe）年僅十六歲，他解釋了同

←←柏林附近一座火車站內意志消沉、精疲力盡的婦女和兒童。當紅軍前進時，許多德國人選擇逃難，而不是留下來等待復仇心切的蘇軍部隊。

袍的心理動機：「在這些士兵的心中，有股孤注一擲的勇氣在激勵著他們。柏林的防衛戰打起來格外艱苦，因為有那麼多官兵、那麼多平民都害怕被蘇軍俘虜監禁。他們想要拯救自己，盡一切所能把俄國人擋在柏林外，愈久愈好；為了爭取那麼一點時間，用盡一切可能手段來阻止他們……對我來說，布爾什維克主義就是生命的結束。就我而言，這就是柏林的戰鬥打起來格外艱辛的理由，不只是為每一條街道而戰，還要為每一棟房屋、每一個房間，還有為每一層樓而戰。俄軍

和德軍都蒙受高得嚇人的傷亡，因為雙方會為了每一塊磚瓦激戰數天之久。」

柏林的戰鬥

另一名希特勒青年團團員卡爾‧當姆（Karl Damm）也回顧了柏林的戰鬥：「這場恐怖遊戲的下場很清楚。我們只有有限的行動和防守可能，就像小搗蛋一樣──只能這裡打一槍、那裡開一砲來延遲俄軍的穿透，這只會增加這座城市的苦痛。對每一位參與其中的人來說，目前的狀況昭然若揭，根本無

↓1945 年 2 月，美軍步兵在德國的尤林（Julien）市內小心翼翼地向前爬行。德軍在西線的抵抗依然非常頑強，而且計畫充分。

處可逃。年齡較長的士兵大概在二十二或二十三歲左右，他們也許已經承認這種巷戰是無用且不智的，但是較年輕的我們在一個星期之前才初經戰火的洗禮，依然十分天真。」

洛沃拿著他的「比利時手槍和沒有保險的義大利衝鋒槍」，但拒絕戴上鋼盔，因為「鋼盔對我來說太大了，當我戴上時就會滑到鼻子上，而且我戴著鋼盔時啥也聽不到。」他不再有天真幻想：「這是一場糟糕的戰爭。夜晚，當住在被俄軍佔領的那一側街區的婦女被俄國人強姦時，那感覺壞透了，她們的尖叫聲十分淒厲，但另一方面來說這只是更加鼓勵了我們。坦

白說，我們很害怕俄軍會屠殺我們。」

害怕俄軍並非唯一驅使他們繼續戰鬥的動機。在愈發絕望的最後幾週裡，德軍為了執行軍紀，用上格外專斷獨行的殘酷和讓人害怕的隨機手段。魯道夫・菲爾特（Rudolf Vilter）由於身負重傷，在最後一刻被疏散離開柏林：「一名少校身旁跟著兩位軍官和幾名憲兵，一起站在馬路兩邊。我們非常害怕這些人，這也是為什麼我們沒有開小差的一個重要原因。我們曾親眼目睹過逃兵被抓到後的下場：他們被吊死在樹上。」

也是同樣地，曾經參與柏林最後抵抗戰鬥的羅塔爾・呂厄

↑一個蘇軍砲兵連開砲射擊。1945 年 1 月 12 日，紅軍動員二百二十萬人對付中央集團軍，一百六十萬人攻打東普魯士。

（Lothar Rühl）回憶：「我在四月二十九日或三十日時碰上黨衛軍。一名黨衛軍巡邏隊員把我攔下來，並問我正在做什麼？我是一個逃兵嗎？……我看見一名軍官，他的肩章被拔掉，吊死在電車軌道下的通道裡。他的脖子上掛著一塊大牌子，上頭寫著：『因為我是一個膽小鬼，不敢面對敵人，所以我被吊死在這裡。』黨衛軍士兵說：『你看見那個人了嗎？他是個剛被吊死的逃兵。』我告訴他我不是逃兵……我在集合點上緊張不安。我們的一位排長就坐在那裡，他看見我之後大喊：『喂，你們對我們的人幹什麼？』黨衛軍士兵回答：『我們逮到他了。』排長問：『你說逮到他是什麼意思？這個人是我們的傳令兵，我很了解他，放他走，讓他回來執行任務。』他們最後終於放我走了。」

當在這樣的情況下遇見黨衛軍或憲兵時，很少人能像呂厄一樣如此幸運。對也曾在柏林戰鬥的羅塔爾・洛沃來說：「不管你去到哪裡都會遇上憲兵，甚至當俄國人已經出現在目視範圍裡時，你還是可以看見一百公尺開外有個憲兵正試著檢查每一個人，任何沒有合適文件或正確通行證的人就會被當成逃兵吊死，身上還會掛著一塊牌子，上面寫著『我是叛徒』或『我是懦夫』。」

最後的掙扎

這種軍紀不只用在軍事人員身上，試圖向敵方投降的平民也會受到同樣的對待。洛沃見證了一起發生在柏林的事件：「這件事全發生在屈爾富爾史騰當（Kürfürstendamm）的一條小街上。住在那裡的人們掛出白旗投降。事發的這棟公寓白色床單在窗口飄揚，然後黨衛軍就來了，我永遠也忘不了那一幕——黨衛軍走進房子裡，把裡面的人全部拖出來，我不知道他們是不是穿著平民服裝的軍人、老人還是什麼的。總之，黨衛軍把他們帶到馬路中央，然後通通槍斃。」

儘管德軍在西線進行激烈抵抗，一旦盟軍渡過萊茵河，德軍輸掉這場戰爭的態勢就愈來愈清楚，但有一種非常不同的態度顯而易見。在戰爭的最後一個月左右，東西兩線上戰鬥艱苦程度的對比令人印象深刻，一名年輕的戰鬥機飛行員魯道夫・艾雪里希（Rudolf Escherich）的態度可做為例證。他和十二名烏德特（Udet）戰鬥機中隊的隊員同意對奧德河上一座被紅軍攻佔的橋樑進行自殺攻擊，他們簽署了一份文件，上頭聲明：「我們自願為元首、家園和德意志犧牲。」他解釋了他本人和同袍的動機：「我們全都是年輕、熱情的飛行員，熱血沸騰，即使實際情況已經無望，也要做點什麼事，為解救祖國而戰。」第一次的任務失敗，隨後整個作戰就被取消了。

當被問到是否願意在西線從事這樣的任務時，艾雪里希回答，「不、不、不，絕對不會。」他解釋：「這裡的條件和西線完全不一

↑一個蘇軍火焰發射器
小組正在挺進。對「布
爾什維克威脅」的恐懼
意味著：儘管處於絕望
的戰略態勢，德軍仍持
續奮戰不懈。

樣。他們是已開化的，幾乎以人道的方式對待戰俘，因此你可以期待他們或多或少會得體地對待戰敗的德國人民；但是俄國人就完全不是這麼回事了。」

德國平民在英軍或美軍的佔領區內獲得相對較佳的待遇，這意味著很少人會決心周旋到底，特別是西方盟軍部隊行為正派的言論四處流傳的時候。這再加上盟軍的宣傳，以及日漸相信戰爭已輸的想法，意味著許多人甘於──如同一份黨衛軍報告提及的──讓「戰爭掃過他們」。的確，一份蓋世太保報告內容說到德軍罕有地收復一座城鎮，當中提到美軍部隊大方分發食物，使挨餓的當地居民留下了令人深刻的印象：「在蓋斯勞特恩（Geislautern）被德軍部隊收復後⋯⋯官員們觀察到美國人居住過的房舍，既沒有遭到破壞，也沒有任何東西被偷。大家都認為他們的表現比『我們德國部隊』還要好。」這份報告隨即做出結論：「基於這些和美國人接觸的經驗，留在後方的民眾對他們有很高的評價。因此即使基於軍事理由，軍事當局在很久之前就發佈了關於疏散薩爾（Saar）地區的補充命令，他們也不會再離開自己的家和地窖。」

不可能把德國西部的所有民眾強制疏散、吊死或被拖到軍事法庭前審判。納粹宣傳聲稱民眾接觸到的美國人「是戰鬥部隊人員，其唯

一的功用就是戰鬥；但是在他們之後趕來的是後衛勤務部隊，特別是猶太人，他們在任何時候都會以殘酷手段對付一般民眾。」

有些例子能夠證明，很少人相信這類宣傳，符騰堡（Württemberg）北部法蘭肯巴賀村（Frankenbach）村長的敘述就透露了真相。國民突擊隊考慮在該村進行防禦，但「人們已發現國民突擊隊的火箭筒沒有雷管，此舉也許可以拯救我們的村莊免於災難……在這天之前信心滿滿、宣稱要摧毀每一輛美軍戰車的國民突擊隊隊長，一瞬之間就喪失了雄心壯志，默默地待在家裡……很快地，戰車一輛接一輛地出現在法蘭克富特街（Frankfurter）和內克阿嘉

塔赫街（Neckargartacher）上，但是有人從教堂尖塔裡伸出了一面巨大的白旗並揮舞著……對我們的村莊來說很幸運的是，希培爾格（Hipperg）並未被德軍部隊佔領，否則我們可愛的村莊可能在很短的時間內就變成一堆廢墟。」

許多軍人也有類似的感覺。古斯塔夫・許慈詳細敘述了他和手下一位中尉的對話：「對方說：『許慈，你是我唯一認識比較久的人，我相信可以信任你。這裡已經有一支兒童十字軍，而且這些小朋友沒一個人回得來，我可不想因為跟這種事有所牽扯而負任何責任。當我們遭遇美軍戰車時，必須防止流血事件發生。你怎麼想？』我告訴他，我認為把這群沒有經驗的男孩

↓紅軍步兵在戰車的支援下前進。到了1945年，紅軍士兵變成令人畏懼、裝備精良且冷酷無情的對手，並且勢不可擋。

帶到戰場上面對訓練精良的敵軍無異於自殺。」

　　曾經見過大風大浪、在東線負傷而退役返家的保羅‧史特芮瑟曼費了好大一番功夫逃往西部，也許為大部份德國人的態度提供了一個典範：「我絕對不會忘記，當我們見到第一批美軍戰車時，我心中的痛苦不安通通一掃而空。我認為那些美國佬一定不明白，當我們看見他們時是多麼地安心。」

　　在柏林，戰鬥也幾乎結束了。四月三十日，柏林衛戍司令賀爾穆特‧魏德林中將（Helmuth Weidling）報告彈藥可能會在次日耗盡。儘管宣傳部持續做出各種勉勵和保證，但人民對於援兵已不抱

持任何希望。當天下午，正當紅軍部隊突擊國會大廈，大廈內的德國守軍忠實地堅持履行上級命令，努力奮戰不懈直到最後一人一彈時，希特勒自殺了。在次日的暫時停火期間，德軍試圖談判以避免無條件投降，但是魏德林決定必須停止戰鬥。在宣傳部工作的布倫希德‧彭塞爾（Brunhilde Pomsel）被叫到她的上司漢斯‧符利徹（Hans Fritzsche）面前，她還記得他「親自向我口述柏林市的投降文告，這份文告會被交給俄軍指揮官朱可夫將軍。接下來我們花了幾個鐘頭的時間用麵粉袋縫製白旗，一名和我們在一起的白俄羅斯婦女將這份投降文告翻譯成俄文，然後符利徹和

↑1945 年 4 月，黨衛軍人員準備槍決可疑的逃兵。隨著戰敗腳步的逼近，有關當局對部隊執行紀律的程度也愈來愈嚴厲。

進入希特勒的衛城
──柏林之戰

1. 史達林二型重戰車駛過柏林的街道。朱可夫的部隊於 4 月 21 日抵達柏林的外圍防線。

2. 在激戰過後，蘇軍官兵望著陷入熊熊烈火中的德國國會大廈。

3. 紅軍的前鋒部隊把握機會，在柏林街頭梳洗一番，背景是他們的戰車和自走砲。

4. 戰鬥的最後階段。蘇軍士兵在一輛 T-34 戰車和反戰車砲的支援下，從希姆萊宅邸的地下室躍出，衝向德國國會大廈。整體說來，蘇軍第一線官兵對待柏林的平民百姓並不會特別差，與緊跟其後的第二線部隊相反（許多人才剛從戰俘營中被解放出來）。

5. 勝利！1945 年 5 月 1 日，蘇聯國旗在德國國會大廈樓頂升起。當紅軍於 1945 年 4 月 30 日突擊德國國會大廈時，該處的德國守軍戰至最後一人一彈，希特勒也在當天自盡，而柏林市則在 5 月 2 日投降。

6. 紅軍在柏林也蒙受慘重傷亡，一個擔架小組正趕忙把受傷的同志抬往安全地點。

另外兩個人帶著這份文告和一面巨大的白旗離開防空洞。」朱可夫於五月二日接受投降。

戰爭結束了

其間，五月三日，希特勒的繼任者海軍元帥鄧尼茲（Dönitz）派出一個由海軍上將弗利德貝爾格（Friedeberg）為首的代表團，抵達位在德國北部呂納堡灌木叢區（Lüneberg Heath）的英國陸軍元帥蒙哥馬利（Montgomery）的總部，簽署了一份投降文件，代表荷蘭、德國西北部和丹麥地區的德國武裝部隊投降。然而，所有德軍部隊最後於五月七日都向盟軍最高統帥艾森豪將軍（Eisenhower）投降，相關條款於一九四五年五月八日和九日間的午夜生效。投降文件的主要條款寫著：「我等以下簽字者，代表德國國防軍最高統帥部，特此無條件同時向盟國遠征軍最高統帥和蘇軍最高總指揮部交出目前仍在德國控制下之陸、海、空軍武裝部隊。本投降書並不侵害任何由聯合國或以聯合國名義所簽訂、一體適用於全德國和德國所有武裝力量之投降總文件合法性，並得以此

↓1945 年 5 月 3 日，海軍上將弗利德貝爾格與英國陸軍元帥蒙哥馬利在呂納堡灌木叢區會面，代表德軍在西線所有的武裝部隊投降。

總文件替代之。」

　　鄧尼茲之後向軍官團發出一份公文：「同志們，吾等遭遇了歷史上千年一遇之重挫，千年來屬於我德意志人民的土地現在已落入俄國人手中（揮之不去的『布爾什維克游牧部落』想法即使在敵對狀態結束後依然糾纏不已）……儘管今日我軍已經土崩瓦解，吾國人民卻不若一九一八年時之德意志，他們尚未四分五裂。無論吾等是否要創造另外一種型式的國家社會主義，或是順應敵人強加在吾等身上之生活，都應該要確保國家社會主義帶給吾等之團結在所有情況下都能夠維繫著。」兩星期後，他和德軍最高統帥部的其餘人員都被監禁。

　　希特勒的戰爭結束了，他的城市躺在一片廢墟中，武裝部隊也備受重創。對那些在一九四五年五月依然活著的人來說，最迫在眉睫的任務就是繼續活下去，緊接而來的則是家園和生活的重建。

↑一名德國平民在一份英國或美國的報紙上讀到戰爭結束的消息。德國所有的武裝部隊最後在 5 月 7 日向艾森豪將軍投降。

反抗希特勒

　　雖然勇敢反抗希特勒政權的份子來自各行各業，但在戰爭期間反抗運動的規模十分有限。首先，德國和納粹主義愈來愈難以區別，或者說，愈來愈難以決定是否要為對抗政權而奮鬥，或是為國家而戰。再者，反抗活動必須在極度保密的情況下進行，因為在一九三九年九月一日後，批評德國進行戰爭成為一項死罪。由於蓋世太保及其線民暗伏四處，因此有組織的政治反對運動不論規模大小都幾乎不可能進行。事實是，即使戰爭局勢到了末期不斷惡化，德國社會絕大多數人依然十分順從希特勒政權，一個從一九四四年開始流傳的柏林笑話反應了公眾的此一態度：「我寧可相信會贏，也不想掉腦袋。」

　　反抗運動可概略歸類為四種團體：共產黨員、學生、教會和保守派菁英份子。在戰爭爆發後，對反抗份子來說主要的問題是，人員一致性地認為反抗納粹政權的活動不但不愛國，甚至是謀反。這對共產黨員的反抗活動來說不是一個太大的問題，因為在意識形態上，他們的主要忠誠對象不是國家，而是國際勞動階級，他們對納粹主義的目標與價值完全沒有共鳴。自從一九三三年開始，共黨份子就已因為納粹的壓迫而犧牲，戰爭的爆發擾亂了德國共產黨殘餘的組織，共產黨

的領導階層曾以巴黎為基地，但很快就被拘禁或被迫逃亡。一九四〇年德國人佔領法國後，情況甚至變得更糟，德國國內的共產黨員大幅度限縮他們的活動到只和同志保持聯繫，因此共產黨發放的宣傳單數量從一九三八年的一千份下跌至一九四〇年四月的八十二份；同樣

←←亨寧‧馮‧特瑞斯科夫少將，他曾多次發起謀殺希特勒的行動，包括女武神計劃。

↓路德維希‧馮‧貝克少將，納粹政權的首要反對份子。

→→慕尼黑大學圖書館的前廳。1943 年，白玫瑰運動的學運份子漢斯和蘇菲·蕭爾就是在這裡撒下數以百計的反納粹傳單。

地，被逮捕的共產黨員數目也從一九三七年一月的超過九百五十名，下降至一九四〇年四月的七十名，然後就差不多維持這個水準。一九四一年六月，德國入侵蘇聯，對共產黨的反抗運動產生了振奮的效果，在一九四一年上半年，被警方查獲的傳單數量依然維持在低水準，但在該年七月增加到三千七百八十七份，並在十月達到高峰，計有一萬零二百二十七張。以下就是羅貝爾特·烏里希（Robert Uhrig）在柏林共產黨支部的一個例子：「中產階級的市民、農民、工人——你們都是愛國者！德國正在危險之中！危險來自國內。如果

↓宣信教會領導人尼莫勒牧師。他直言不諱地批評納粹政權，希特勒於 1937 年親自下令將他逮捕。

船隻遇難，人們會把每一件會威脅到他們的東西扔下甲板，因此我們要從中移除每一樣會傷害這個國家的東西……希特勒不能代表國家，我們人民才可以！現在人民一定要組織起來。工農階級要組織起來，其他中產階級也要。為了自由且獨立的德意志，他們一定要組成一個民族陣線並肩前進。一定要為德意志戰鬥！」

左派

共產黨的組織非常容易受到蓋世太保破壞。烏里希組織在一九四二年春季被消滅，而到了次年，所有主要的共黨組織網路實際上均已遭破壞。在一九三三年時曾有高達三十萬名黨員的德國共產黨，到了戰爭結束時，差不多有一半的人都遭到某種形式的迫害，此外有二萬五千至三萬名共產黨員被謀殺、處決或是死在集中營裡；對共產黨員來說，逮捕總是意味著死刑，或至少是一段長時間的監禁。共產黨員華爾特·胡瑟曼（Walter Husemann）於一九四三年五月十三日被處決前寫給父親的訣別信可以讓我們一窺支撐著他們的決心。

「要堅強！在階級鬥爭中，雖死猶生！自稱為共產黨員很簡單，只要你不需要為此而流血。然而當大限來臨時，你才能證明自己的價值。爸爸，我就是這種人……」

「戰爭不會再拖得更久了，然後你們的時刻就會降臨！」

「想想所有那些曾經走過我今天必須要走的路的人，而且還是要

沿著這條路繼續走下去，並從納粹身上學到一件事：每一個弱點都得用千萬的鮮血來補償。因此不要仁慈！保持堅強！」

「我當然渴望能夠在新的時代中過下去，不過沒有辦法活在新時代裡讓我感到很遺憾，但是列寧（Lenin）、李布克內希特、盧森布爾格的成就比我多出了一千倍，也同樣沒能享受他們奮鬥後創造的甜美果實。」〔Liebknecht，被謀殺的斯巴達克斯聯盟（Spartakus League）領導人，也是德國共產黨先驅；羅莎・盧森布爾格（Rosa Luxemburg），被謀殺的斯巴達克斯聯盟成員。〕

「噢，爸爸，親愛的爸爸，你真是一個好人！只要不必害怕您會因為我的死帶來的衝擊而崩潰，我就心滿意足了。」

「一定要堅強！堅強！堅強！」

「證明您在階級戰爭當中一直都是一位全力以赴的終生鬥士！」

「弗莉達，幫助他，鼓舞他的精神。他絕對不能就此屈服。他的生命不屬於他，而是屬於整個運動！一定要比過去堅強！更堅強！」

紅色管弦樂團

也許德國共產黨員的戰時組織紅色管弦樂團（Red Orchestra）所做的努力更戲劇性。其柏林分部是由資深的公務人員組成，與前文提到的一般黨員相反，他們提供情報給蘇聯，並協助俄國特工；該組織在一九四二年被警方查獲，成員均遭到處決。一九四八年時，一名曾參與起訴紅色管弦樂團相關事宜的律師向美國官方描述此一團體的活動：「被送往俄國的資訊囊括德國的軍事動態和經濟狀況，當中包括相當機密的事情，涉入其中的人藉由他們在機關裡的人脈設法發掘出情報來……蘇聯情報機構得知新的空軍兵器、德軍在東線策劃中的攻擊、預計投入使用的俄國志願單位，還有在高加索的空中支援等等……其他的資訊還涵蓋德國的工業基地和工業生產。就我蒐集到的資料來看，背叛的真正程度比實際上被發現的要來得深很多。我們絕不能低估交給俄國人的那些情報，其對一系列軍事事件必定造成顯著的影響。」

白玫瑰組織（White Rose）在一九四二至一九四三年間於慕尼黑大學成長茁壯，該組織的核心人物是漢斯・蕭爾（Hans Scholl）與蘇菲・蕭爾（Sophie Scholl）兄妹。一九四二年秋季，他們倆再加上朋友威利・格拉夫（Willi Graf）、克里斯多福・普羅布斯特（Christoph Probst）、亞歷山大・許摩瑞厄（Alexander Schmorell）還有哲學教授庫特・胡伯爾（Kurt Huber），由蕭爾兄妹編寫一系列批評納粹政權的宣傳單，試圖掀起一股反對希特勒的學運。以下就是他們第一本宣傳小冊中的一段話：「可以肯定的是，今天每一個正直的德國人都以他的政府為恥。當有那麼一天，我們面前的遮羞布被摘

下，而最可怕的罪行，那完全、徹底、無限制地遠遠超出任何人類範疇的罪行，重現天日的時候，有誰能清楚了解到這對我們來說會有多麼羞恥？如果德意志的人民已經如此敗壞、精神上墮落到會去輕浮地相信一個就歷史上合法的秩序而言相當可疑的信念，而不會舉起手來反抗；如果他們拱手讓出使一個人高於所有其他上帝創造的生物之最高原則，也就是他的自由意志；如果他們放棄採取果斷行動的決心去轉動歷史的巨輪，並出於自己的理性決定臣服於它；如果他們這麼沒有個性，在這條愈走愈沒志氣、愈像懦弱群眾的路上走過了頭的話——那麼，沒錯，他們是應該被毀滅……不論你身處何處，進行消極的抵抗，在為時已晚之前先阻止這部無神論戰爭機器的擴張……千萬別忘記每一個人都要為他願意容忍的政權負責。」

白玫瑰之死

蕭爾的姊姊英格·埃賀－蕭爾（Inge Aicher-Scholl）描述了一九四三年二月十八日發生的事情：「漢斯和蘇菲在到學校上課前，在一只手提箱裡裝滿了傳單。他們倆在出發前神情十分愉悅，但蘇菲做了一個她無法完全忘懷的夢：蓋世太保把他們逮捕了。他們抵達學校後，因為講堂的大門隨時都會打開，因此他們連忙把手提箱裡的傳單放在走廊上，還把傳單從二樓撒到入口大廳裡，但還是被一位工友看見了，校園裡所有的門馬上都被

鎖起來，注定了他們的命運。蓋世太保立即接獲通報並逮捕他們。」

由羅蘭·符萊斯勒（Roland Freisler）主持的人民法院審判了蕭爾兄妹，並判處他們死刑。漢斯和蘇菲看起來相當確定他們的行動會得到同學們支持。在一九四三年十一月二十二日，也就是蘇菲被處決的那天早晨，她對一名獄友說道：「如果我們所做的一切可以使成千上萬的人振作並覺醒，那我們的死又算得了什麼呢？學生們一定會挺身而出！」不幸的是，事實並

↓1942 至 1944 年的法國軍事總督卡爾－海因里希·馮·史圖普納格將軍（Carl-Heinrich von Stülpnagel），他是 1944 年 7 月 20 日事變的關鍵份子，後來被納粹處決。

非如她所願。在那天晚上，官方的學生會舉辦了一場遊行，表達他們對納粹政權的支持，共有三千名學生出席，一名參與遊行的學生還記得：「那場遊行……是那些日子裡我最糟糕的回憶之一，數以百計的學生邊歡呼邊踩腳，歡迎告發蕭爾兄妹的工友，他站在前方，張開雙臂接受他們英雄式的歡迎。」

英格・埃賀－蕭爾詳細敘述了她的弟弟和妹妹之死：「他們被帶走，蘇菲是第一個，她沒有退縮。劊子手說他以前從未看過有任何人

↓人民法院院長羅蘭・符萊斯勒。他是一名熱情的納粹黨員，負責主持蕭爾兄妹和 1944 年 7 月 20 日陰謀份子的審判，並當庭大聲侮辱被告。

像這樣死去，還有漢斯，他在把頭放上斷頭台之前，卯足了勁大聲地喊出『自由萬歲』，聲音回盪在整座監獄裡。」

希特勒並不十分尊重宗教。他認為「所有的教派（教會）都是一個樣。無論你選擇了哪一個，都不會有未來。無論如何對德國人來說沒有。以上帝之名，（義大利）法西斯主義也許會與教會和解。我也會這樣做，為什麼不呢？這不會阻止我將基督教的根基和分支從德國連根拔起。你要嘛是基督徒、要嘛是德國人，不能兩個都是。」不過，儘管希特勒從根本上對基督教會懷抱敵意，但對他來說控訴這個大部份德國人都是一份子的宗教組織卻很困難。在新教和天主教教會內部的反抗力量大部份將焦點集中在教會的自治權上，不過教會在任何可能的時候都會避免跟政權發生衝突，並同情納粹所宣稱其扮演對抗無神論布爾什維克主義衛城（Citadel）的角色；的確，教會對戰爭的努力大部份是支持的，特別是在一九四一年進攻蘇聯之後。希特勒將新教納粹化的企圖導致馬丁・尼莫勒建立了公開反對納粹之宣信教會。他在一九三四年與希特勒會面，希特勒告訴他：「管好你的教會就好，我會負責照顧德國人民。」尼莫勒回答：「總理先生，您現在說：『我會負責照顧德國人民』但我們身為基督徒和神職人員，也對德國人民負有責任。這份責任是上帝交付給我們的，您或世界上其他任何人都沒有權力把這份

責任從我們身上拿走。」當尼莫勒最終在一九三七年被逮捕時，是希特勒親自交待的指示。尼莫勒在第二次世界大戰後承認，宣信教會「在希特勒統治的時代或之後都沒有強調身為『反抗運動』的價值。」他僅僅是想要「在我們的世界和時代證明神的言語。」

　　有些個別的神職人員大聲疾呼，反對納粹政權某些較嚴重的虐待行為。林堡（Limburg）的西爾符利希主教（Hilfrich）於一九四一年八月十三日寫信給帝國司法部長，抗議將患有精神疾病與肢體障礙的德國人安樂死的政策：「所有敬畏上帝的人民都感覺滅絕無依無助的人是罪大惡極的，假如這種說法跟說如果還有一個公正的神，德

國就無法贏得戰爭一樣，那並不是因為不愛國，而是出於對我們民族的殷殷之情……政府的威信就像道德，會因為這類的事件而遭受嚴重的損害。」早在十天前，明斯特（Münster）的嘉倫主教（von Galen）在一場公開的佈道儀式中，辨認出特定的安樂死受害者，並預言如果德國人民寬恕違反「不可殺人」誡律的行為，將招致毀滅。就這麼一次，此一反抗行動獲得成功，希特勒親自下令停止安樂死政策。然而在最後的分析中，德國的教會無法進行協同一致且首尾連貫的反對納粹政權運動。

　　在戰前，有一些資深陸軍軍官、外交官與政府官員愈來愈關切納粹政權的成形。一九三八年時，

↑陸軍元帥艾爾文‧馮‧魏茨雷本（Erwin von Witzleben），他是陰謀份子之一，掙扎著把褲子往上提。他在審判期間慘遭羞辱，被判死刑。

他們的期待終究破滅，這反映出德國保守派菁英和納粹的分裂，以及希特勒益發攻擊性的外交政策愈來愈受到關切，因為這可能會導致一場德國將會輸掉的戰爭。

早期的反納粹計劃

在一九三八年時已有一些推翻希特勒的計劃存在，但他在慕尼黑的成功導致密謀取消，然而戰爭的爆發和部份軍事單位在波蘭的野蠻行徑卻導致保守派菁英的憂慮復甦。烏爾利希・馮・哈塞爾（Ulrich von Hassel）在一九三九年十月於日記中提到：「在柏林消息靈通的人士之間，我注意到許多人感到絕望……愈來愈察覺到我們將有大難臨頭。主要的看法包括確信在軍事上無法贏得戰爭、明白局勢極度危險、感覺被犯罪投機份子領導、以及透過在波蘭境內進行戰爭玷污德國人名聲之恥辱……當人們用轉輪手槍把聚集在猶太教堂內的猶太人射倒在地時，這件事就已充滿恥辱……而在這時候，像尼莫勒這樣的人已經在集中營裡被關了

↓約翰尼斯・波皮茨（Johannes Popitz，右起第二人），普魯士財政部長，也是另一名陰謀份子，被判死刑。

首先是「克萊騷社」（Kreisau Circle），是依據貴族賀爾穆特‧詹姆斯‧馮‧毛奇（Helmuth James von Moltke）位在西利西亞（Silesia）的莊園而命名。克萊騷社主要是一個由一群高度理想的朋友們組成的討論社團，如同平民一樣，其實際執行反叛行動的機會非常有限。毛奇是一位外交部官員，對於德國指導戰爭的方式感到非常害怕，他在一九四三年十月二十一日寫給妻子的一封信當中提到：「當我寫這封信的時候，大規模屠殺正在法國進行，不過所有那些跟在波蘭和俄國發生的事比起來只是小孩子的扮家家酒而已。

好幾年！今天，大部份政治頭腦敏銳的人和消息靈通人士的狀況……老實說很悲慘。他們從愛國、從社會的角度思考，不能指望勝利……他們看不出來有什麼方式可以脫身……因為對於軍事領袖在決定性時刻擁有足夠的洞察力和意志力方面缺乏信心。」

將保守派的反抗看成一個單一概念是極不精確的，如同德國歷史學家約阿希‧費斯特（Joachim Fest）所指出：「這是一個鬆散的結合體，許多團體只因為嫌惡這個政權而客觀且個別地聯合起來。」他指出三個「輪廓稍微銳利些」的群體。

↑埃里希‧霍普納上將（Erich Hoepner），7月 20 日炸彈謀刺事件的陰謀份子之一，被判死刑。

我怎麼能受得了，並如同往常一樣坐在溫暖的房間裡喝下午茶呢？這樣的話我不就成了共犯了嗎？當某人問我，『在這段時間內你做了些什麼？』我要怎麼回答？」

也有一群保守派和民族主義份子聚集在前萊比錫市長卡爾・戈爾德勒（Carl Goerdeler）和前陸軍參謀長路德維希・貝克將軍（Ludwig Beck）身邊，馮・哈塞爾是其中一人。戈爾德勒不顧一切地努力吸收資深軍人參與他的反希特勒運動。在一九四三年七月二十三日寫給克魯格元帥的一封信中，他概述了他對這個政權的深惡痛絕、以及這場戰爭的毫無意義之處：「我們一定要阻止繼續放任這些傻瓜將他們的幻想和謊言加諸在德國人民身上，阻止他們宣稱一場出於主宰欲望的征服戰爭是一場真正的防衛戰爭。我們不需要害怕布爾什維克主義和盎格魯撒克遜人（Anglo-Saxon）……他們太依賴我們的力量和能力。但正派德國人一定要再一次代表德國的利益。」

最後，有一群年輕的軍官，像是克勞斯・紳克・馮・史陶芬堡（Klaus Schenk von Stauffenberg）、亨寧・馮・特瑞斯科夫（Henning von Tresckow）和弗利德里希・歐布利希特（Friedrich Olbricht），他們沒有顯著的意識形態連結，卻為此一活動加入了極需的活力。特瑞斯科夫曾數次企圖暗殺希特勒，包括一九四三年三月時在斯摩稜斯克（Smolensk）炸毀希特勒的座機。

史陶芬堡是一位曾獲頒勳章的戰爭英雄，在突尼西亞（Tunisia）失去了右手和左眼，對毀滅感到厭倦：「如果我沒有採取什麼行動來阻止這沒有意義的屠殺的話，我可能再也無法坦然面對陣亡將士的妻子們和孩子們。」他已察覺他所面對的困境：「現在該是行動的時候了。但是有勇氣採取行動的人一定要了解，他會以叛國者的身分被載入史冊；不過他如果沒有這麼做的話，就會成為良知的叛徒。」他是一位保守的君主主義者，在初期曾支持納粹運動，但到了一九四三年，他卻向同僚把希特勒描述成一名反基督者！

史陶芬堡、貝克和戈爾德勒終於決定要在一九四四年夏季採取決定性行動：「必須不惜一切代價嘗試進行暗殺，我們一定要向全世界證明德國反抗運動人士膽敢採取決定性的一步，並在這件事上冒生命危險。和這個目標比起來，其他事都算不了什麼。」

史陶芬堡擬訂計劃，並命名為女武神行動（Valkyrie）。這個行動將暗殺希特勒、在柏林建立軍事政府、制壓蓋世太保和黨衛軍，並尋求和平。他決定親自執行實際的暗殺行動，他適合這麼做，因為他身為後備軍的參謀長，可以時常進出希特勒位在東普魯士的總部。一九四四年七月二十日，史陶芬堡將一個裝有一公斤塑膠炸藥的公事包放在希特勒主持晨間會報的會議桌下，然後悄悄地離開房間「去打一通電話」。赫貝爾特・布賀斯

（Herbert Büchs）是一名出席該場會議的空軍參謀軍官：「我走過去站在希特勒的左邊，就在大會議桌的最左側，門就在希特勒的背後，我還記得當時是十二時三十七分。簡報在十二時三十分準時開始，因此我只錯過剛開始的幾分鐘，史陶芬堡那時一定已經離開會議室了。然後炸彈爆炸，一陣明亮的黃色閃光使每一個人都倒在地上，一團混亂。我看見站在窗戶附近的約翰・馮・弗萊恩得中校（John von Freyend）跳了出去，因為根本沒

有人知道發生了什麼事，因此我也從那個窗口跳出去了。」

陰謀失敗

　　希特勒受到嚴重驚嚇，長褲被炸得稀爛，並受到輕傷，但他沒有死。他的參謀軍官中有三個人被炸死，但炸彈的威力大部份都被厚實的木製大會議桌吸收，也透過木造小屋脆弱的牆壁分散，換做是一座混凝土碉堡的話就會將爆炸產生的震波局限在內部。史陶芬堡親眼目睹爆炸，信心滿滿地認為希特勒已

↓在謀刺不成後，（左起）凱特爾（Keitel）、戈林與希特勒在拉斯騰堡（Rastenburg）的照片。凱特爾外號「馬屁精」，1946年在紐倫堡被處決。

被炸死,因此隨即搭機前往柏林。當他抵達後,在火車上下令展開女武神計劃接下來的部份。不過位在柏林、奉派前往逮捕戈培爾的大德意志營營長卻接受戈培爾的勸說,相信希特勒還活著,因此反而出動他的營去逮捕陰謀份子。「接著就是一陣短暫的交火和十足的騷亂,」一名陰謀份子弗利德里希‧葛歐吉(Friedrich Georgi)回憶:「在困惑不已的情況下,你到處都可以聽到一個軍官詢問另一名軍官『你是支持還是反對元首?』」史陶芬堡當晚就被槍斃,但他算走運的了。希特勒生還代表政變失敗,

如同他告訴墨索里尼的:「我就站在這張桌子的旁邊,那顆炸彈就在我的腳邊爆炸⋯⋯很明顯我一點事都沒有。這無疑是我的天命,我注定要在這條路上繼續前進,並完成我的使命⋯⋯今天在這裡發生的事就是頂點!現在我逃過了死神⋯⋯我比以往更加確信,我努力奮鬥的偉大目標將會度過目前的險境,每一件事到最後都會有美好的結果。」

希特勒以此次陰謀為藉口,處決了將近五千名反對份子,不管有沒有牽涉其中一律格殺勿論(據估計還有另外一萬人被送進集中

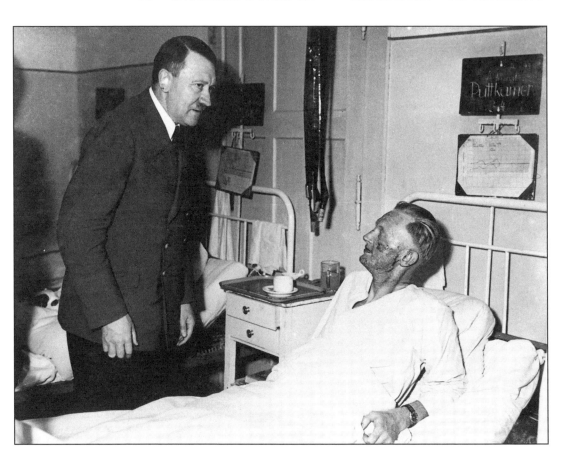

↓希特勒探視被史陶芬堡引爆的炸彈炸成重傷之海軍將領普特卡默(Puttkamer)。元首的幕僚人員另有三人在爆炸中隕命。

營），每一名在前文中提到的七月政變陰謀份子都被處決了。此舉掀起了一陣漫無目的的逮捕潮，緊接而來的就是刑求、以及由人民法庭庭長羅蘭·符萊斯勒主持的公審，迅速判處死刑並執行。在許多案例中，受刑人被吊在掛肉鉤上，用鋼琴弦慢慢絞死，據說希特勒曾將處刑的過程拍成影片，並津津有味地觀賞他們被處死的那一刻。這些人留給未來世代德國人的遺產，就是抵抗納粹主義的象徵。

↑希特勒告訴符萊斯勒：「我希望他們被吊死，就像被屠宰的牛隻一樣高高地掛起來。」陰謀份子就被掛在肉鉤上的鋼琴弦活勒死。

種族滅絕

一九四四年冬天，「克萊騷社」一名成員的妻子克莉斯塔貝爾・畢倫貝爾格（Christabel Bielenberg）搭乘火車時，與一名年輕的拉脫維亞籍黨衛軍士兵坐在同一節火車車廂裡，他向她詳加描述了他在波蘭的經驗：「『嗯，他們告訴我們可以向敵人報仇，然後就把我們送到波蘭。當然不是去和波蘭人戰鬥，他們在很久以前就已經被打敗了，而是去殺死猶太人。我們只要負責開槍就好，其他人會負責掩埋，』他深深地嘆了一口氣。『殺掉在機關槍旁邊圍成半圓形站著的猶太人、男人、女人和兒童，妳知道那意味著什麼嗎？我隸屬於一個被稱為特別行動突擊隊（Einsatzkommando）的單位，一個滅絕小組，所以我知道。當我告訴妳有一個小男孩，不會比我的弟

←←1946 年，英國的猶太人在貝爾森集中營外豎立這塊紀念碑，以紀念該營中的受害者，上面寫著：「不要讓這塊土地蓋住他們的鮮血」。

↓除了一萬具未被掩埋的屍體外，英軍還發現一處埋有四萬具屍體的萬人塚。

弟大，在這樣的屠殺前立正站好然後問我『叔叔，我站得夠直嗎？』妳覺得如何？沒錯，他就是這樣問我。還有一次，當他們在我們周圍排成圓圈站好時，一個老人走出隊伍，他有著一頭長髮和鬍鬚，我想應該是某個教士吧，無論如何他慢慢地走過草皮靠近我們，一步接著一步地緩慢地走著，然後在離機關槍只有幾呎時停下了腳步，用嚴肅、深邃、陰沉且可怕的眼神看著我們每一個人，然後說：『我的孩子們，人在做，天在看。』他轉過身去，沒走幾步路就被某個傢伙從背後給一槍斃命，但是我——我無法忘記那個眼神，就算把我燒成灰也一樣。』」

這名拉脫維亞黨衛軍士兵顯然

被他犯下的可怕行為深深困擾著，不過他在某種程度上還是一個很體貼的人。畢倫貝爾格在車廂裡睡著了：「在火車抵達圖特林根（Tuttlingen）前我醒來兩次。有一次是當火車在一個車站猛然一推地停了下來，我感覺身體暖了些，而我的頭正靠在一個硬得讓人不舒服的東西上。那個人換了位置並坐在我旁邊，大衣蓋在我的膝蓋上，我的頭則靠在他的肩上，臉頰就壓在他的黨衛軍肩章上。在半明半暗中我第二次看著他的臉：也許我神經抽了一下了；他看起來很平靜，幾乎像個孩子一樣⋯⋯等到下一次我醒來時，火車正在行駛，但車廂裡已空無一人。」

這樣的傳聞引發了幾個令人憂

↓猶太婦女被關在運送牲畜的貨車中，被載往奧許維茲。那些在所謂「重安置特別列車」裡的人們，對於他們的目的地均感到十分害怕。

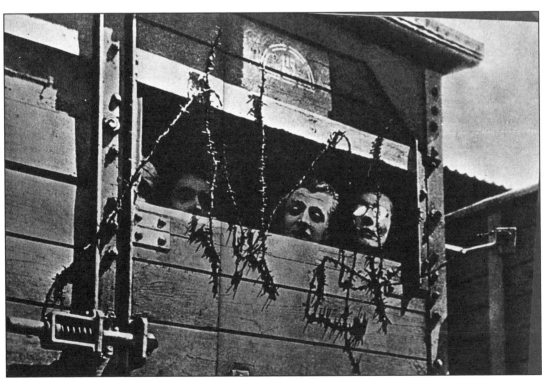

↑1938 年 11 月 9 日至 10 日的「水晶之夜」。馬格德堡一座猶太教會堂在當晚遭到納粹份子劫掠、並放火焚燒猶太人財產後的景象。

心的問題：一般的男人和女人到底是如何犯下如此罪行的？此外，被滅絕的猶太人數量過於龐大，德國大眾真的對發生在歐洲猶太人身上的事一無所知嗎？

　　幾乎從希特勒一上台起，納粹就開始針對德國的猶太人制定差別待遇法案。納粹誓言要建立一個將猶太人與德國人區隔開來、並且在德國的生活與文化中否定他們的存在。在一些小城鎮，猶太人被驅逐，並被迫遷移到較大的城鎮或大城市，或乾脆移民；在戰間期，納粹德國持續將猶太人口排除在主流生活之外，並鼓勵他們移民海外，離開德國。在這段期間，尚無人預見對德國猶太人的大規模屠殺。在一九三三年至一九三八年間，死在集中營的人、政治異議份子、數以千計的共產黨員、社會民主人士和不受歡迎人物的數量，還不到一百人。但隨著戰爭腳步的逼近，暴力的層次也跟著升高，舉例來說，在一九三八年十一月，有九十一名猶太人在被稱為「水晶之夜」的夜間燒殺劫掠中遇害；在接下來的六個月之內，死在德國集中營內的猶太人數量開始升高。

系統性屠殺

　　戰爭的爆發導致了解決手段的改變。緊接著在一路勢如破竹的陸軍後面而來的，是特別行動部隊（這些部隊是特殊的營級單位，附

中到幾個主要城市的猶太人居住區，公然的反猶態度更促進了這樣的不平等待遇，這是德國猶太人到目前為止所經歷過最極端的仇視；到了一九四一年，猶太人居住區的發展已經十分完備，儘管當局蓄意的糧食配給政策導致了饑荒，大量波蘭猶太人依然在猶太人居住區裡苟延殘喘。

　　然而德國進攻蘇聯導致了歐洲人對猶太人更進一步的迫害。希特勒警告他的將領們這將是一場依照種族路線進行的戰爭：「我們討論的是一場滅絕戰爭。」在一九四一年六月進攻之前，他頒布了一道政委命令，當中要求只要俘獲蘇軍政委一律槍斃。特別行動部隊由黨衛軍的萊因哈德·海德里希指揮，得到的指示是只要殺死「為黨和國家服務的猶太人」，不過大部份人都不會懷疑這些命令會被擴大解釋為殺害所有猶太人的指令，導致在六個月之內就有一百萬猶太人遇害，而且他們是在與本章開頭引述的拉脫維亞籍黨衛軍士兵談話十分類似的情況下遇害。特別行動部隊的單位人數僅有三千人左右，這又引發了他們是如何在這麼短的時間之內殺害那麼多人的疑問，答案是陸軍的合作。當希特勒麾下各級指揮官收到政委命令時，沒有多少人反對，即便有也不多。第 4 裝甲軍團司令赫曼·霍特宣布：「消滅上述的猶太布爾什維克主義支持者及其進行謀殺的組織團體，還有游擊隊員，是一種自衛手段。」

　　就在接掌第 11 軍團指揮權

↑帝國安全總局第四處種族與重安置辦公室主任阿道夫·艾希曼。

屬在正規陸軍之下，負責處決工作，他們的任務是圍捕共產黨官員、「劣等亞洲人」和猶太人並消滅他們），他們開始有系統地謀殺波蘭的知識份子、各級領導人、神職人員，當然還有波蘭猶太人。反納粹的德國軍事情報局局長海軍上將威廉·卡納里斯（Wilhelm Canaris）報告說黨衛軍指揮官們誇口一天殺害二百個人。在被殺害的一萬名波蘭人當中，大約有三千人是猶太人，然而這並不是滅絕計劃的一部份。從一九四〇年春季開始，德國人開始把波蘭的猶太人集

不久前，馮‧曼斯坦將軍（von Manstein）說：「必須永久根除猶太－布爾什維克體系。」一九四一年十月十日，陸軍元帥馮‧賴赫勞（von Reichenau）給第 6 軍團的命令清楚地指明國防軍對於針對烏克蘭猶太人的暴行負有責任：「在東線戰場上，軍人不但是要依照戰爭規則戰鬥的人，也是國家理念的無情旗手，還是針對德國人民的所有獸行的復仇者。基於此一理由，士兵們一定要完全正確認識到將嚴苛卻公正的懲罰加諸在次等猶太人種身上的必要性。」他的部隊的責任是「將德國人民永遠地從猶太－亞洲人的威脅中解放出來。」當處理

大批人口時，正規德軍部隊不可避免地會牽涉其中。一名在各國防軍部隊間巡迴演出的劇團演員多羅泰亞‧許洛瑟（Dorothea Schlösser）回憶：「當我在波蘭的一場巡迴演出中唱歌勞軍時，士兵們告訴我發生在波蘭人身上的可怕事情，每一個人看起來都像是說猶太人被一卡車又一卡車地載來，然後殺掉，當他們談論這些事的時候，就像孩子一樣哭泣。我永遠也不會忘記我在華沙的一次經驗，當我站在舞台下準備上台時，我注意到觀眾裡有一群年輕士兵；當舞者在台上跳舞時，他們當中的一位開始歇斯底里地狂笑，並說：『我今晚已經看過

↓萊因哈德‧海德里希是希姆萊的副手，也是黨衛軍帝國安全總局的局長。

一群人跳舞了，就是我們抓走的那群猶太人！』然後他開始抽抽噎噎地說：『他們為什麼不保衛自己呢？』」

不是所有的人都像上文提到的年輕士兵一樣心理受到創傷。第6軍團被迫在一九四一年八月發佈如下指令：「在軍團責任區裡的各種地方，保防處、黨衛軍和德國警察首長轄下各機關已經對罪犯、布爾什維克份子以及最主要的猶太人進行必要處理。有一些情況中，不用輪值的士兵志願協助保防處處決，或是在旁觀看並拍照。」這些命令證明大部份的國防軍指揮體系意識到滅絕政策的存在。儘管有上述的指令，部隊仍持續涉入反猶太人的行動中，安東尼‧畢佛解釋了為什麼：「經過納粹政權長達九年的反斯拉夫人和反猶宣傳後，德軍士兵一定會虐待平民，即使他們當中有少數人有意做出不符納粹價值觀的行為。雖然當對平民最自然的憐憫變質成基於婦女和兒童不該出現在交戰區裡的矛盾憤怒，戰爭的本質產生了原始又複雜的情緒，還是有例子指出士兵們不情願執行處決。」

勇敢的抗議

的確有人反抗。一名空軍軍官馬丁‧科勒（Martin Koller）在搭火車返家休假時，有過一次與莉斯塔貝爾‧畢倫貝爾格的經驗非常類似的對話：「我們天南地北地聊，從戰爭到私人生活的任何主題都不放過，然後他說到曾在波羅的海某

地參與射殺猶太人的行動，應該有超過三千人，他們必須為自己挖出一個『和足球場一樣大』的墳墓。他在對我說這些的時候還有點得意，我完全不知所措，問了幾個笨問題，像是『這是真的嗎？』『是怎麼辦到的？』『誰指揮這些行動？』而每個問題都得到確切的答案，這是真的，任何人都可以去查個明白。一隊十二個人，全都配備衝鋒槍，還有一挺機槍，所需彈藥由國防軍官方統籌供應，還有一名黨衛軍中尉是行動的指揮官，他記不起他的名字了。我感到困惑，並開始直冒冷汗，這種事跟我對我自己、我的國家、這個世界、還有這場戰爭的想像截然不同。這真的是太殘忍了，我完全無法領會。『方便讓我看一下你的身分證明嗎？』我問道，還有『你介意我記錄下來嗎？』他一點也不介意，還是一樣以他做過的事為傲，就跟我以擊落敵機為傲一樣。我把他的姓名潦草地寫在一個香菸盒子上，此時我的腦筋轉了起來：要是他講的都是真的，這樣的話我就不能再穿上德軍制服，若是他說謊的話，那麼他就不能再穿上德軍制服。我能做什麼？我應該做什麼？我的軍事直覺告訴我，『把這件事向上報！』」

科勒果真打了一份報告上去，但一位資深軍官把這份報告壓下來。儘管納粹政權竭力將猶太人的命運保密，然而有關他們的消息無疑地確實四處流傳。保守派反抗份子賀爾穆特‧馮‧毛奇是莉斯塔貝爾‧畢倫貝爾格的丈夫的一位友

←←保防處人員在波蘭執勤。緊跟在德國陸軍之後的是特別行動部隊，他們開始有系統地謀殺波蘭社會的某部份人。

↑法國的猶太人遭到圍捕，並被驅逐到集中營裡。德國人光是在法國就驅逐並殺害了八萬三千名猶太人。

人，他勸導一位在黨衛軍療養院工作的護士，該療養院負責照護因射殺猶太婦女和兒童而精神崩潰的士兵。軍方和政界人士公開討論種族政策和暴行，對小群的政策制定菁英來說消息是不會有流通限制的。由蕭爾兄妹領導的慕尼黑大學白玫瑰學生組織在他們其中一本反納粹小冊中包括如下一段話：「自從波蘭被征服以來，已有三十萬名猶太人慘遭殺害……以最兇暴下流的手段。我們在這裡看到的是針對人類尊嚴最駭人聽聞的罪行，這個罪行在整個歷史上是前所未有的。」一九四三夏季，在法蘭克福（Frankfurt）和柏林有大量傳言指

出，被驅逐的猶太人全都被毒氣毒死了。

德國當局在東線上對猶太人進行屠殺的政策，到後來就變成眾所周知的猶太人問題「最後解決方案」。此一解決方案在一九四二年一月的萬湖會議中定型，目標是滅絕全歐洲的猶太人。生活在全歐洲境內的猶太人，不管是被關在波蘭的猶太人居住區、或是仍住在自己的房子裡，都會遭到圍捕，然後被扣押在各地的拘留營中，接著再被強制遷移，由火車運往遠方的集中營，他們在那裡不是勞動到死，就是被送進毒氣室毒死。如此大規模的任務必須取得比起軍方協助更多

的支援，將猶太人從德國和歐洲其他地方強制遷移的任務需要許多平民的參與，但後者後來時常宣稱對他們在「最終解決方案」裡扮演的角色毫不知情。

接下來的文字是戰爭結束後對一名資深鐵路官員的訪問：

訪問者：為什麼特別專車在戰爭期間的數量要比戰前或戰後還多？

鐵路官員：我知道你問這個是什麼意思。你指的是那些所謂的再安置專車。

訪問者：「再安置」，就是這個。

鐵路官員：他們是這樣稱呼的。那些專車是帝國運輸部下的命令。你需要該部的命令。

訪問者：在柏林？

鐵路官員：沒錯。至於實施哪些命令，柏林的東部交通總辦公室會負責處理。

訪問者：是的，我懂。

鐵路官員：清楚了嗎？

訪問者：非常清楚。但最重要的是，在那個時候，誰是被「再安置」的對象？

鐵路官員：不！這個我們不知

↓華沙的猶太人居住區內一景。1941 年，猶太人居住區內的每日糧食配給為 184 卡路里，波蘭人為 669 卡路里，德國人則為 2,193 卡路里。

道。只有當我們從華沙逃出來的時候，才知道那些人可能是猶太人、罪犯，或是一些類似的人。

訪問者：猶太人、罪犯？

鐵路官員：罪犯，各式各樣的罪犯。

訪問者：為罪犯而開的特別專車？

鐵路官員：不，那只是一種說法而已。你不能談論這類話題，除非你活膩了，否則最好不要去碰那

些東西。

訪問者：但是你知道開到特瑞布林卡（Treblinka）或奧許維茲（Auschwitz）的火車是⋯⋯

鐵路官員：我們當然知道。我是最後一個轄區；沒有我的話，這些列車無法抵達他們的目的地。舉個例子來說吧，一列從埃森發車的火車一定會行經伍佩爾塔（Wuppertal）、漢諾威、馬格德堡（Magdeburg）、柏林、法蘭克

↓1943 年，華沙猶太人居住區內的猶太人遭到圍捕。當德國人於 1943 年 4 月開始肅清猶太人居住區時，他們遭遇了相當強硬的抵抗。

福／歐德、波森（Posen）、華沙等等管區，因此我得……

訪問者：你知道特瑞布林卡就是滅絕營嗎？

鐵路官員：當然不知道！

訪問者：你不知道？

鐵路官員：天啊！不知道！我們怎麼可能知道！我根本就沒去過特瑞布林卡。我一直都待在克拉考（Krakow）、在華沙，整天坐在辦公桌前。

訪問者：可是你是……

鐵路官員：嚴格說起來我是個行政官！

訪問者：我懂了。但是特別專車部門的工作人員從未聽說過「最終解決方案」實在是很讓人驚訝。

鐵路官員：那時正在打仗。

訪問者：因為其他鐵路工作人員知道，像是列車長。

鐵路官員：沒錯，他們看到了，他們確實有看到。但至於發生了什麼事，我沒看到。

訪問者：對你來說特瑞布林卡是什麼？特瑞布林卡或奧許維茲？

鐵路官員：嗯，對我們來說特瑞布林卡、貝爾柴克（Belzec）和所有那些地方都是集中營。

訪問者：一個終點站。

鐵路官員：沒錯，就是這樣。

訪問者：但不是死亡？

鐵路官員：不，從來就不是

↑解放後的貝爾森集中營。在接下來的數週期間，集中營內超過一半的囚犯因營養不良、斑疹傷寒和痢疾而死亡。

人間地獄──集中營

1. 達豪集中營的毒氣室。被挑選出要被處死的囚犯會在特別設計的毒氣室中被毒死。毒殺的過程通常經過偽裝，許多毒氣室會掛上「淋浴間」的牌子。

2. 猶太人下火車。接下來他們會被選去進行勞動，或是被立即毒殺。

3. 貝爾森集中營的女性守衛。圖中央是伊爾瑪·格芮瑟（Irma Grese），號稱「貝爾森的野獸」，也是集中營指揮官約瑟夫·克拉默（Josef Kramer）的情婦。

4. 但澤附近史圖魯特霍夫（Strutthof）集中營的通電圍籬、守衛塔與探照燈。

5. 貝爾森集中營的焚化爐。處理數量如此龐大的屍體是道難題，焚化是優先的處理方式。

6.「兒童一定得處理掉，因為他們年齡太小，無法工作。」（奧許維茲集中營指揮官魯道夫·荷斯）

7. 英軍在貝爾森集中營發現的一萬具未掩埋屍體之一部份。共計有六百萬名猶太人，也就是世界猶太人人口的三分之一死於大屠殺中。

……

這個人很可能沒有說謊,也沒有自覺去推論出他在「最終解決方案」的過程中扮演的角色是什麼。基於當時的傳言,再加上那些火車從未把任何人載回來的事實,我們可以很合理地假設,數以千計的德國運輸部門官員多少認識到發生了什麼事。最近的歷史研究,像是丹尼爾‧戈德哈根（Daniel Goldhagen）的《希特勒的志願劊子手》（*Hitler's Willing Executioners*）,已令人信服地說明了這個情況。運輸部門工作人員不是唯一涉入的人,還有在猶太人出發前為他們檢查的醫生和護士,以及將最初的強制遷移訊息發送給德國猶太人的郵政人員。德國國內的圍捕工作由一般警察負責,而且猶太人時常是在光天化日下穿越街

→解放後,集中營的一名生還者在一堆破舊的衣服中揀選。集中營的滅絕作業持續進行,直到被盟軍攻佔為止。

道並進行強制遷移的準備工作。此外，而且莉斯塔貝爾・畢倫貝爾格和馬丁・科勒的例子證明了有許多人直接涉嫌參與此一過程最殘忍不堪的最終階段，並且願意去談論這些事。雖然不要太公開地談論這些事情是明智的，但當人們試圖傾訴心中的祕密時，在火車車廂或是酒吧裡一定有過許許多多次的對話。最可能的解釋大概是即使大部份德國人民沒有很清楚明白當局正在進行對猶太人的系統性滅絕，但他們一定曾經懷疑過某件事正在發生。唯一的結論是，也許部份要歸咎於在希特勒統治的德國裡對不順從的懲罰，絕大多數德國人民對曾在他們周遭生活的猶太人之命運漠不關心，一直到最近為止。

至於那些被德國同胞圍捕、並被德國人營運的列車送往國外、至德國人管理的死亡集中營的德國猶太人，殘酷的命運等待著他們。

↓英軍部隊監督貝爾森集中營內的糧食發放工作。當美軍部隊解放達豪集中營時，他們感到十分憤慨，當場就槍決一百二十二名黨衛軍守衛。

奧許維茲的指揮官魯道夫‧荷斯（Rudolf Höss）解釋：「我們有兩名黨衛軍醫生值班檢查新運來囚犯的身體狀況。這些人被強迫通過其中一位醫生面前，由他現場做決定。那些適合勞動的人就會被送進集中營，其他的人則會立即被送進滅絕廠。幼兒一定會被處理掉，理由是他們年齡太小，無法勞動。」

對那些抵達死亡集中營的人來說，這是駭人的折磨。特瑞布林卡的例行公事和其他集中營很像。牲畜車廂的門閂一拉開，集中營的守衛就會用鞭子和警犬把裡面的人通通趕出來，到外面集合，男性和女性分開，然後把全身上下衣物脫光，接著交出他們的值錢物品。年老和身體虛弱的人會被帶往醫務室，但之後就會抵達一個集體墳墓，在那裡每個人都被人從後腦勺開槍擊斃，然後扔進去。男人會先被送進毒氣室裡，因為他們花的時間比較少——婦女要先在毒氣室裡理髮，由一個猶太人理髮師小組操刀，每兩分鐘理一個人的頭髮。然後才會關上毒氣室的大門。

庫特‧蓋爾史坦醫師（Kurt Gerstein）是貝爾柴克的消毒官，曾目擊「典型」的毒氣毒殺過程：「即便在死前，他們都想著家人，緊緊握住其他人的手，到死都不放開，如此一來為了清空毒氣室以準備毒死下一批人時就會很困難，因為很難把屍體分開。工作人員把被汗水和尿液沾濕、腿部被排洩物和血液濺到的屍體往外扔，兒童的屍體飛過空中……二十四名牙醫用鉤子撬開嘴巴，尋找金子做的假牙，有金質假牙的屍體擺左邊，沒有的擺右邊，其他的牙醫則用鉗子和鐵鎚把金質假牙和假齒冠從嘴裡拔出來。」

那些「運氣夠好」逃過

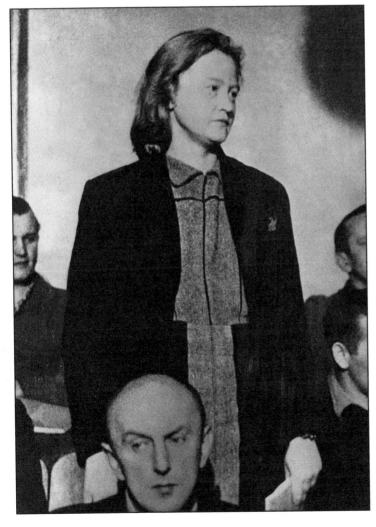

↓1947 年，布亨瓦爾德集中營指揮官的遺孀伊瑟‧柯賀（Ilse Koch）因反人道罪行在達豪接受審判，其罪行包括擁有人皮製成的燈罩。

篩選的人則面對因超時工作和饑饉而死的命運，或甚至死於集中營警衛的手裡，這些警衛大多是因為對苦難毫不在乎，以及願意執行最慘無人道的命令而屏雀中選。朵拉‧佛克爾（Dora Völkel）回憶：「我們經常被打，幾乎沒有東西可以吃。你可以看見人類變成動物，許多人失去人的尊嚴……我們被迫把沉重的石頭從一個地方搬到另一個地方，必須帶著一塊石頭走大約一公里遠的路，把它放下來，撿起另一塊石頭，然後把它帶回到原本出發的地方。當然還可以看見火燄，明亮的火燄從煙囪中升起，你不可能不去注意。它日以繼夜地燃燒，我們說：『今晚在燒匈牙利人，什麼時候輪到我們？』」

到了一九四四年四月，在德國控制區上共有十三個母營和五百個子營運作著。規模最大的死亡集中營位於上西利西亞東部的奧許維茲，起初這座集中營主要是負責關押波蘭政治犯，後來迅速地擴充為勞動營，然後是滅絕營。這座集中營被分成三個區塊：奧許維茲一號營，也就是原本的集中營、奧許維茲二號營，位於比爾克瑙（Birkenau），是可容納二十萬人的死亡集中營，以及奧許維茲三號營，是工廠中心。據估計，光是在奧許維茲集中營區，就有高達兩百萬名猶太人被殺害。

死亡集中營

黨衛軍評估需要消滅一千一百萬猶太人，所以就依照將會被送來滅絕的人數，建立其他集中營加以處理。因此一九四二年初，納粹在波蘭境內建立了四座集中營，分別為貝爾柴克、盧布林（Lublin）、索比博（Sobibor）和特瑞布林卡，此外也在第三帝國的領域內建立另外兩座集中營，分別是亨姆諾（Chelmno）與奧許維茲。貝爾柴克一天能殺害一萬五千人，而特瑞布林卡和盧布林則以每日能處理二萬五千人而自豪。當然還有其他的集中營，縱使它們不是死亡集中營，但在很長的一段時間內，暴行和謀殺事件一再地在所有集中營內上演，被收容人的生活條件也十分恐怖，這些集中營的名字從這個時候開始就與納粹主義的一切邪惡連結在一起：達豪、薩克森豪森、布亨瓦爾德、拉凡斯布呂克、毛特豪森、卑爾根－貝爾森（Bergen-Belsen）、特芮辛施達特、符洛森堡（Flossenbürg）和納茨威勒（Natzweiler）。

在第二次世界大戰期間，共有六百萬猶太人死在納粹手中。一名年輕的空軍新兵魯道夫‧育爾斯特（Rudolf Würster）做了一個恰如其分的結論。他曾在波蘭目睹猶太人被殺害，但卻保密到家，並且「只跟最親密的朋友吐露我的感覺，我認為萬一這場戰爭我們打輸了，會有很多事情等這我們回答。」

戰敗後的德意志

「我對各位的由衷感謝如此清楚明白，正如我希望你們絕不放棄，無論身在何處，都要繼續和祖國的敵人戰鬥……。無論如何，國家社會主義運動與真正的國民共同體，都會從我們將士的犧牲裡，從我與各位至死方休的團結裡，燦爛重生於德國的歷史中。」

這是阿道夫‧希特勒的政治遺囑，時間是一九四五年四月二十九日。

希特勒在第二天自殺了。柏林衛成司令魏德林將軍於五月二日下令全城投降。英軍指揮官陸軍元帥蒙哥馬利在五月四日接受德國北部和西部德軍部隊的投降，西方盟軍最高統帥德懷特‧艾森豪將軍接著於五月七日在萊姆斯（Rheims）接受德國投降；最後，德國投降書於五月八日再次被遞交到蘇聯受降代表的面前，並在次日生效。

←←1945 年 3 月，美軍步兵行經科隆的聖塞佛林（St Severin）教堂。在該市超過一百萬的人口中，當時只有十五萬人還留在市區內。

↓柏林總理府後方的元首碉堡入口，前方就是希特勒和伊娃‧布勞恩的遺體被焚毀的地點。

再度降臨的和平

　　德國的平民百姓和軍人們從地下室、防空洞、散兵坑和壕溝中現身，回到和平的世界。布倫希德・彭塞爾和一群同事從宣傳部的防空洞中走出來，步行到五・五公里外的坦普霍夫（Tempelhof）：「戰爭才剛結束，步行穿越柏林市區觸目所及的景象相當可怕，到處都是死人和死馬。俄軍的女憲兵已經在外面指揮交通了。」第一線部隊對待德國平民的方式看起來和緊跟在後的那些部隊有所區別。

　　約根・葛拉夫（Jürgen Graf）是一名家住柏林的少年，他遇見的第一批俄軍部隊「非常友善，有時候還給我們東西吃」。他的家人和他們之間的關係「在接下來整整四

↓1945 年，柏林布蘭登堡門（Brandenburg Gate）上被毀的雕像。這座城市先遭到轟炸、再經過激戰，最後被勝利的盟國劃分成四部份。

十八小時內非常良好」，然後「下一波俄軍部隊抵達，並且搬了進來，準備留下。這些俄國人真是壞透了。他們主要的問題是酗酒，而且就是這些人在那段時期內開始在柏林強姦婦女和劫掠財物。」他們沉溺於四處破壞的放蕩中，砸爛了葛拉夫父親的藝術收藏，把他的「繪畫當成靶子」，搗碎貴重的瓷器，還燒毀了木製雕像。因此葛拉夫總結道：

　　「跟蘇聯人住在一起就是像這樣。第一批部隊相當友善，並給我們食物，他們有德語講得非常溜的軍官，告訴我們要保持冷靜，一切都會很好。這些軍官解釋首先他們會拿下柏林，然後建立一個某種型式的地方自治政府，以取代納粹的統治。所有這些都令人鼓舞。但就在四十八小時後，房子被燒毀、婦女被強姦，幾年來參與地下祕密活動、從事反法西斯工作的人都被抓去槍斃了。」

　　布倫希德・彭塞爾同意此點：「俄國人沒碰我們一根汗毛，我也沒有被強姦。我們很幸運地被這群獨特的軍人俘虜，他們是朱可夫麾下的部隊，紀律嚴明，妥善地對待我們。」她還說了一則關於看守她和同事們的年輕部隊官兵的有趣軼事：「年輕的蘇軍士兵一直來探望我們，我們都猜測他們是守衛。我還很年輕，因此剛開始時很自然地認為他們對我有興趣，但他們過來是因為想跟尤紐絲女士（Junius）說話（一名較年長的翻譯，在德國新聞局工作），她是白俄羅斯人。

↑1945 年 3 月月底，當德軍戰俘隊伍在德國吉森（Giesen）附近向後方行進時，美軍第 6 裝甲師的戰車和卡車從他們身旁開過。

他們每次過來的時候都會帶著伏特加和洋蔥，接著把所有的東西放在桌上，然後拿出玻璃水杯，我得負責斟酒並和他們一起喝，一坐下來就和尤紐絲女士聊上好幾個小時。當他們離開後，我總是問尤紐絲女士和他們談了些什麼，她說：『他們全都是很棒的男孩子，想要知道生活在沙皇統治之下的俄羅斯是什麼樣子。』」

　　德軍士兵的投降經驗就相當不同。那個時刻極度危險，有很大的風險會被毫無預警地槍斃、或是被痛毆一頓。但相反地，許多人因為

他們獲得人道待遇而感到驚喜，特別是因為他們一直被納粹宣傳洗腦，聲稱很可能會被立即處決。一些德軍部隊官兵在被俘之後與盟軍接觸，他們的種族偏見因此受到嚴厲挑戰。羅塔爾‧洛沃於五月五日投降，並理所當然地擔憂：「俘虜我們的敵軍要我們面對一間倉庫的牆壁排成一排站好，旁邊的地上躺著兩具平民屍體，我想我們要被槍斃了。其中一位軍官和其他人熱烈地討論起來，然後他們突然靠近，拿走我們的戒指和手錶，但我也發現多了兩包之前沒有的香菸——

俄國人把兩包德國香菸塞進我手裡。」

俄軍治療了他和同袍們身上的傷口，然後給他們東西吃。洛沃沒有餐具，然後「就是這個布爾什維克份子，我長久以來一直相信是怪物的人，借給我這個北歐日耳曼人整套餐具和湯匙讓我吃東西。」他曾目睹過德軍對待蘇聯戰俘的方式，他們一致受到惡劣對待，沒有足夠的飲食，並且「把他們弄得看起來像是我們想像中次等人的模樣。」他大吃一驚：

「對我來說，我無法想像德軍

士兵把他的餐具和湯匙借給俄軍戰俘使用的情形。但事實是這個蘇聯人自願地、熱情地把他的東西借給我，因為他覺得對我感到抱歉，動搖了我對他們的想象的基礎。我就在那個時候告訴自己，也許蘇聯人與他們告訴我們要相信的大不相同，這是我第一次碰見蘇聯人，而這個經驗我將永生難忘。」

沃夫崗‧卡薩克（Wolfgang Kasak）向與蘇軍並肩作戰的波蘭人投降：「我被一個非常親切的波蘭士兵帶走。他一個字也沒說，就讓我明白我會被審訊，身上的東西

↓投降的那一刻相當危險，戰俘可能會被立即槍斃、受到漠不關心的冷淡，但常常是相當仁慈的待遇。

都會被拿走，因此我何不把手錶給他。」

庫特・邁爾－葛瑞（Kurt Meyer-Grell）在一九四五年五月七日被蘇軍俘虜：「我們全都擔心死定了……因為害怕會被俄國人宰割，甚至到了一九四五年還是有許多人依然相信俄國人不留俘虜。我記得非常清楚，當我們列隊走出來上卡車時，有許多人預料會被載到距離最近的溝渠槍斃……剛開始我們受到彬彬有禮地對待，沒有其他方式可以形容。當我們穿越放眼望去都是瓦礫廢墟的街道，行軍通過俄軍軍官身旁時，我瞧見他們向我們敬禮。」

被俘的沃夫崗・薛勒（Wolfgang Schöler）說：「我和連上剩下的官兵一起被捷克游擊隊俘虜。他們把我們交給俄軍。我得說，在這種情況下，我們受到的待遇相當好。」

在但澤被俘的布魯諾・威克（Bruno Weik）也有類似的遭遇，他回憶：「俄國人沒有虐待我們，還為我們包紮傷口，沒有表現出怨恨，也沒有威脅我們。一名年輕的俄軍醫官以非常親切和善的態度對待我們……我們一起喝酒，大部份時間他們連瓶子裡裝的是什麼都不知道。他們有法國的干邑白蘭地，讓每一個人都喝一口……盡其所能做到最好。你不能說他們是三流民族或是次等人。」

被美軍俘虜的人也講述了類似的故事。羅貝爾特・佛格特被關押在羅恩（Rouen），他在那裡第一次親眼看見黑人士兵：「當我們看見他們時，心裡怕得要死，並且想，『噢，我的老天！現在我們完蛋了！』這個感覺來自於——在這裡一定要說我們被第三帝國騙了——我們一直被灌輸這些人是次等人、野蠻人之類，甚至當我們還在學校唸書時就知道這些了，因此我們嚇壞了；但過了二十分鐘我和一名美軍黑人士兵談話後，恐懼就煙消雲散。」

當他告訴那名士兵肚子很餓時，那個人就開車載他到一處野戰廚房，他們一起把食物搬上吉普車，然後再開回來分送給其他德軍戰俘。就像羅塔爾・洛沃看見紅軍士兵展現出的仁慈，佛格特被迫去重新評價他曾被教導要去相信的許多事情：「我得這麼說，我逐漸認為這些黑人士兵是保護我們的人，我開始嚴重懷疑第三帝國的宣傳。現在證據證明我們以前都被騙了……他們不是畜生，比起美軍的白人士兵，我們更喜歡他們。他們對我們說：『我們是黑奴，你們是白奴。』他們親切極了。這個和黑人相處的深刻經驗讓我好奇：『如果他們有關黑人的言論是個謊言，那麼又對我們說了其他哪些謊言呢？』」

投降的德軍官兵也有可能受到暴力對待，或至少是不聞不問漠不關心。身負重傷的魯道夫・菲爾特回憶起：「我們認為俄軍會過來把我們槍斃。他們確實很快就趕到了，但是卻沒有傷害我們，不過也沒有幫助我們。」然而，或許沃夫

崗・卡薩克的被俘經驗更為典型：「當行軍進入戰俘營時，我永遠也不會忘記一名十五歲的男孩就在我面前被槍決。他只不過是再也走不動了，一名俄軍士兵就給了他幾槍。這名男孩還活著，不過幾名軍官靠了過來，舉起槍來朝男孩的耳朵開火。我們花了全部力氣留在移動速度極為緩慢的人群中央，被趕往東邊，無論在什麼時候一直都會聽到衝鋒槍射擊掉隊的人的槍聲。」

在一九四五年二月的雅爾達（Yalta）會議中，三個主要盟國的領袖溫斯頓・邱吉爾（Winston Churchill）、富蘭克林・羅斯福（Franklin Roosevelt）和約瑟夫・史達林（Josef Stalin）——同意將德國分成英國、美國、蘇聯和法國四塊佔領區，並在每個佔領區中建立軍事政府，德國戰俘的長期待遇很大一部份取決於他們被扣留在哪一區中。西方盟國曾試圖為數量日益增多的德軍戰俘維持合理的收容標準，這是個讓人有點擔心的任務。英國陸軍元帥蒙哥馬利描述在他控制下的英軍佔領區面臨之局勢：

「在佔領區……有許多駭人的民生問題需要解決。在俄軍攻佔之

↓1945 年 2 月雅爾達會議的「三巨頭」：邱吉爾、羅斯福和史達林。他們在會中同意戰後將德國劃分為四國佔領區。

前已有超過一百萬難民逃到這裡。在這塊區域的醫院裡，負傷的德國人約有一百萬名，他們沒有醫療補給。超過一百五十萬名未受傷已經投降的德軍武裝部隊人員……還有那些相關的人現在成了戰俘。食物即將耗盡，運輸和交通服務已經中止運作，大部份的工業和農業也停擺了。」

蒙哥馬利粗估手頭上約有兩千萬德國人的食宿需要加以安排，他毫不猶豫地承認：「有堆積如山的問題需要解決，而且要是無法在冬季來臨前解決的話，許多德國人就會因饑饉、衣不蔽體和疾病而死。」

↓1945 年時不來梅一條被毀的街道。所有佔領德國的盟國都面臨為數量龐大的難民和無家可歸的人提供臨時住所的問題。

↑難民向西朝德國的英軍佔領區前進，幾乎沒有多少平民百姓希望留在被復仇心切的紅軍佔領之區域內。

在法國、美國和蘇聯的佔領區，盟軍統治當局面對幾乎完全一模一樣的問題。因此儘管約瑟夫·胡納巴赫也許認為他待在盟軍戰俘營的期間「非常棒」，但當盟軍的後勤過度緊繃時，稍晚才被俘虜的人就面臨到迥然不同的處境。由於俘虜的數量如此龐大，收容的品質因而迅速降低。在所有的盟軍佔領區中，生活條件極其嚴苛，許許多多的德國人因饑饉和衣不蔽體而死。美軍上尉佛瑞德里克·席格弗里特（Frederick Siegfriedt）目睹前黨衛軍人員在法國東部齊明（Zimming）附近一處戰俘營中的生活狀況，感到震駭不已，表示CCE27 戰俘營的作業看起來「是典型的體系」，他接著說道：「當一個封閉場地有了一群不知道該怎麼處理的戰俘，或不能以其他方式處理，他們就會在沒有通報的狀況下被送往另一個封閉場地……我不知道這過程中有多少人死亡、也不知道他們被埋在哪裡。我確定美國人沒有埋葬他們，而我們也沒有推土機這類的東西。我只能假設詳細的狀況是德軍戰俘會埋葬他們。我可以坐在辦公室裡從窗戶向外看去，並辨別出被抬著的人是死的還活的，看看是否有第五個人帶著被

抬著的人的私人物品跟在後面。數目大約是一天五到二十個左右。」

　　他做出結論：「很顯然地，我們，也就是美國陸軍，並未準備好處理數目如此龐大的戰俘。」美軍已聽任戰俘營的水準降低至日內瓦公約要求的標準以下。一九四五年時負責管理法國境內美軍營區的亨利・艾勒得中校（Henry W. Allard）表示：「歐洲的 ComZ 區（美國陸軍後方地區）戰俘營標準相較之下，只比我方人員告訴我們的日本戰俘營生活條件好一點而已，甚至更差，根本比不上德國的。」

　　德國人的陳述證實了美方此一評價。赫曼・布洛克斯多夫（Hermann Blocksdorff）對辛齊希（Sinzig）戰俘營生活令人沮喪的描述值得在此詳細引述：「每十個人為一組，可以被分配到一塊約有中等大小客廳面積的室外活動空間。我們必須像這樣子生活三個月，根本沒有屋頂可以遮風避雨。就算是身負重傷的人也頂多得到一捆麥桿。但萊茵河這一帶一連下了好幾天的雨，而我們一直就待在外面，人們就像蒼蠅一樣地死去。然後我們得到到一份糧食配給，我可以向上帝發誓絕對沒有半句謊話：我們一共十個人，只得到薄薄一片麵包，每個人只分到其中一小條。

↓盟軍發現他們需要處理數量龐大的戰俘。當被俘人員的數量超過戰俘營能夠容納的人數時，營中生活條件就開始惡化。

除此之外，同樣是每十個人還得到一茶匙的奶粉、咖啡粉和葡萄柚粉，還有一茶匙的糖。一個人，就只有一條麵包，再加上一茶匙剛才提到的各種粉，就這樣過了三個月。我的體重只有四十五公斤（九〇磅）。每天都有死掉的人被抬出去。然後就會有人透過擴音器說話：『德國士兵們，吃的時候慢一點，你們已經有很長一段時間沒有東西吃了，當你今天從世界上補給最好的陸軍拿到糧食配給時，如果不吃慢一點的話就會死。』」

當他在一九四五年六月被釋放時，他和同袍「看起來就像稻草人」。布洛克斯多夫愉快地回到家裡，他回憶：「我是多麼慶幸自己還站的起來！當我按門鈴時，開門的是美國人——我太太的新朋友們，他們問我到底想要什麼。」

美國人和蘇聯人對待德軍戰俘方式的主要不同之處，不在於德國人所要忍受的生活條件，而是在被關押時間的長短。西方盟國熱心地盡可能把他們手中的德軍戰俘遣送回國，一旦確定德軍戰俘不是黨衛軍、蓋世太保或是追緝中的戰犯，英國人和美國人就急於釋放他們，蘇聯人則決心懲罰那些在蘇聯領土上大肆破壞的人。談到強迫德軍戰俘勞動，實際的生產所得比關押他們所花費的成本還少一點，但不能阻止蘇聯人廣泛利用數量龐大的德軍戰俘。整體說來，那是一段殘酷的體驗。沃夫崗·卡薩克被運到伏爾塔河（Volta）上的某個地方，在那裡「我們得建立自己的營地」，雖然如此，他必須承認「即使是餓著肚子的戰俘也不得不對當地瑰麗的風景感到讚嘆不已」。沃夫崗·薛勒回憶起：「坦白說，我不認為需要任何人告訴我們關於集中營內的生活條件，因為我們的條件跟他們的相去不遠。舉例來說，剛開始時我們那一群大約有九千人，然後在很短的時間內，至少就有一千八百人在非常不愉快的狀況下死去。由於惡劣的待遇和亞熱帶氣候，我們形同體能被剝削。」

↓被破壞的科隆大教堂。在第二次世界大戰期間，無數的藝術和建築瑰寶毀於戰火中。

在那趟可怕的東方旅程中，約瑟夫·呂金（Joseph Lücking）的同袍每十個人中就有一個死亡，他認為一天三杯麵粉湯的配給食物：「就只有這樣，然後就一連過了幾個星期，但在另外一邊情況也沒有太大的不同。老實說，俄國人自己也因為可怕的饑饉而受苦受難。我的意思是，我在莫斯科時親眼看見俄國人當天把很多死去的人從街道上搬開，他們在一九四五年時死於營養不良。」

即使是沃夫崗·薛勒也承認，儘管他被監禁在蘇聯期間忍受不當的對待：「我還是體驗了一些事情，確認了在俄國人們的善意：我被帶到一間俄國醫院，由俄國醫生和護士照顧，我從未有印象他們對待我們有任何的不同，就好像我們是他們自己人一樣。」

那些被送到蘇聯古拉格（Gulag）的德國人，他們在那裡如同奴工一般地工作，也許有偶然的機會可以回家，但前提是要能夠活下來。有些人大約在一年之後被釋放，其他人則必須忍耐下去，直到西元一九五六年康拉德·阿德諾爾（Konrad Adenauer）的西德政府終於就生還者的返國問題完成談判。但在此之前，已有成千上萬的人死在蘇聯。

一小群納粹死硬派份子想要繼續戰鬥。在戰爭的最後幾個月，納粹領導階層企圖建立一支「狼人」（Werewolf）游擊隊，以繼續進行戰鬥。赫貝爾特·密泰史岱特（Herbert Mittelstädt）詳細敘述了很可能是相當典型的企圖招募志願

↑一名婦女和她的孩子等待前往無家可歸者的收容中心。在 1945 年時，德國有四分之一的人口處於類似局面中。

被擊倒的國家
——德意志

1. 希特勒的權力中樞：帝國總理府接待室遭破壞後的斷垣殘壁。「千年永固的納粹帝國」僅存在了十二年，就在柏林的瓦礫堆中劃下句點。

2. 這些前往投靠住在科隆－阿亨（Aachen）地區親友的人非常幸運，因為他們還有車子可以坐。

3. 戰後柏林貝殼屋被砲火重創的斷垣殘壁。婦女，也就是「廢墟清除女工」，持續地努力清除瓦礫。

4. 難民們擁入西柏林，許多柏林人選擇逃離蘇聯佔領區。

5. 人民掙扎求生，因為食物的供應依然不足。如圖，德國平民把路邊死馬身上的肉割下來。

6. 在哈爾柏史達特（Halberstadt），一名德國家庭主婦撿拾任何可以拿來燒的東西。據估計在百分之九十五的德國城鎮裡，木材是唯一的燃料來源。

7. 呂納堡的居民們排隊取水。由於德國大部份公共設施都被摧毀，有關當局就必須想辦法供應人民基本需求，像是飲水等。

↑一張所謂納粹「狼人」的照片。他們是戰爭結束後在中歐的森林中流浪的狂熱納粹份子，但其付出徒勞無功。

人員的例子：「一九四五年五月一日，我們的中尉走到我們二十五個人旁邊，然後嚴肅地宣布：『我不再相信還有什麼方法可以讓我們贏得戰爭，所以我要解散你們，不過你們當中有任何人想要繼續戰鬥的話，可以跟我一起當狼人。』只有一個人把他的手舉起來，他的家人在東普魯士，返鄉的可能性根本就非常渺茫。中尉眼看著只有一個人願意追隨他，於是說：『這樣根本就不值得，所以我也要把自己給免職！』」

克勞斯・梅司默（Klaus Messmer）是一位相當活躍的成員，他和他的小組試著破壞並炸毀法軍軍用車輛，然而即使如此，他也認為繼續戰鬥無濟於事：「我們馬上就明白，努力抵抗絕對無法改變任何事情。一個新時代已經揭開序幕了，我們根本就無能為力。」

由於大部份男人不是戰死、就是被關在戰俘營裡，剛開始的清理工作就得由住在城市裡的婦女來處理。當戰爭結束時，安娜・密泰史岱特（Anna Mittelstädt）正在柏林，被挑選成為廢墟清除女工（Trümmerfrau），負責清除瓦礫。她說：

「在俄國人抵達後，私人公司

就雇用婦女移除廢墟瓦礫並清潔街道。我們像狗一樣地工作，四周根本就沒有男人，他們要不是死了，就是被關在戰俘營裡。我們得走上很長一段路才能到工作的地方。少數幸運兒可以坐電車，而且令人驚訝的是，儘管經過所有的轟炸，電車依然完好如初可以營運。我在柏林組織並指揮一個廢墟清除女工隊。」

　　大約有五萬名婦女投入工作，以賺取額外的糧食配給。君特·葛拉斯（Günter Grass）的小說作品《我的世紀》（My Century）書中有一段文字，堪稱是描寫此一情況最佳的敘述：「磚灰。我告訴你，到處都是磚灰。在你呼吸的空氣裡、在身上穿的衣服夾層，還有齒縫中——你想得到的地方都有。但你認為這狀況使我們意志消沉嗎？我們女人沒有。重點是戰爭結束了……把瓦礫鏟走是一件辛苦的工作。我們俐落地把那些依然完好的磚頭仔細地堆疊起來……她們說這只是小事一件……你應該來看看我們！老舊的陸軍毛毯做成的工作服、破破爛爛的羊毛衣，還有圍在脖子上的圍巾，綁得緊緊的，這樣灰塵就不會跑進去。在柏林有五萬個廢墟清除女工……他們當中連一

↓一批飢餓的德國民眾在法蘭克福登上一列外國火車。隨著政府的瓦解，人民只得盡其所能自求多福。

→→轟炸造成的損害，攝於 1948 年。德國境內的重建費時數年之久才完成。

↓被迫面對真相。做為盟軍去納粹化計劃的一部份，德國人被強制觀賞描述納粹當局暴行的紀錄片。

個男的也沒有。」

一九四五年五月之後，在和平的前幾個月內，德國婦女是重建工作的真正力量。她們認為之前忍受了這麼多，現在不能就這樣放棄。男人們就算回來的話，也經常是身心備受煎熬，最後那些有幸回來的男人就得想辦法重建他們的家庭，恢復原來的生活。在被前進的蘇軍切斷退路時忍受了可怕遭遇的芮娜特·霍夫曼，千方百計地回到了慕尼黑，和嚴重燒傷的丈夫見面：「我們緊緊地互相擁抱並說話，我立即發現他的聲音沒變，一切都沒有變。我的丈夫下床穿上浴袍——一樣的姿勢、一樣的動作，同樣的一個人，但有一個地方還是讓我震驚不已，因為他的臉已不再是原來的那張臉了——已經不見了。」

重要的是，讓全家人團圓的就是她：「我們迅速同意我應該回到蘇聯佔領區，找到孩子們，並盡快回到慕尼黑，我就這麼做了。一九四五年的秋天，我們一家人就再次團聚了。」

德國在緊接而來的戰後時期面對大量問題。她在人命方面付出的成本大得令人吃驚，共有二百八十五萬名軍人和五十萬名平民死亡。德國的基礎設施也受到極為龐大的損害，在全德國境內的一千九百萬間住宅中，共有二百七十五萬間全毀，另有一百二十五萬間受到嚴重破壞。各個城鎮和城市之間的損失也極為駭人：漢堡喪失百分之五十三的住宅、科隆損失百分之七十、多特蒙失去百分之六十六、慕尼黑損失百分之三十三、德勒斯登喪失百分之六十，還有柏林，也許令人訝異，也損失了百分之三十七。超過一千六百萬名德國人逃離東方淪為難民，德國境內還有四百五十萬名無家可歸的外籍勞工，還要加上兩百萬不同國籍的戰俘。公共交通網都被破壞了，特別是鐵路系統，許多公共設施也一樣。

當仍然活著的人在日常的基礎上和毀滅、貧困與饑饉搏鬥時，一種麻木感攫取了他們。在希特勒的領導下，德國人民已無異於全民自殺，在現代從未有一個主要強權如此衰弱。對那些留在第三帝國的斷垣殘壁、破磚敗瓦當中的平民百姓來說，活下來是他們的主要目標。

術語表

亞利安（Aryan）

此一名詞由語言學家弗利德里希‧馬克斯‧穆勒（Friedrich Max Müller）首創，用來描述在遠古時代移居到西北歐的人種。在納粹眼中，歐洲是由「北歐人」組成所謂「亞利安種族」的中心。

閃擊戰（Blitzkrieg）

這是德國陸軍在一九二〇年代發展出來的一種戰略概念，內容是運用大規模裝甲部隊，在具備壓倒性優勢的空中武力支援下，癱瘓、包圍並殲滅敵方武裝部隊。對閃擊戰來說，速度、出其不意和恐懼缺一不可，還可以再加上軍級和師級指揮官大膽且具有想像力的領導。閃擊戰在一九三九至四一年間獲得驚人的成功。

衝鋒隊隊員（Der Stürmer）

納粹週報，充斥半色情與暴力性反猶主義內容，由優利烏斯‧史特萊赫編輯。

特別行動部隊（Einsatzgruppen）

首先由希姆萊和海德里希在一九三九年組織，他們跟隨陸軍進入波蘭，謀殺國家各級領導人，並圍捕猶太人，將他們趕進猶太人居住區（他們也藉此殺害了大量猶太人）。在入侵俄國期間，特別行動部隊被分成四個單位，每單位有三千人。到了一九四三年三月底，據估計他們已殺害六十三萬三千三百

名猶太人，接著在一九四四至四五年間又另外殺害了超過十萬名。

志願軍（Freikorps）

在第一次世界大戰結束時，由一些退伍軍人響應戰時長官號召組成的私人單位。這些右翼的準軍事組織，像是艾爾哈特旅，是由德國陸軍政治部的施萊赫上尉（von Schleicher）祕密提供資金，以保護德國東部的邊界，之後則鎮壓國內的革命運動。希特勒曾在一九一九年親眼目睹志願軍對巴伐利亞共黨政府的殘酷鎮壓。慕尼黑成為志願軍成員的暫時棲身處，後來則有許多人加入衝鋒隊的行列。

省黨部主管（Gauleiter）

納粹在某一省（Gau）中的資深行政領導人員。在一九三八年時，共有三十二個納粹省黨部，到了一九四二年時則有四十個。

勞動陣線（Labour Front）

第三帝國唯一的勞工聯盟組織，於一九三三年建立，掌控了德國勞動大軍的各方面所有領域。

蓋世太保（Gestapo）

國家祕密警察（Geheime Staatspolizei）。他們是第三帝國的祕密警察，運用恐怖手段維持對國家及人民的控制，戰時其活動範圍擴展到被佔領的國家。在一九四三年高峰時期，共有四萬五千名蓋世太保控制六萬名幹員與十萬名線

民。此一組織由海因里希·穆勒指揮。

德國共產黨（Kommunistische Partei Deutschlands, KPD）

德國共產黨在一九三三年被納粹消滅前，是世界上除了蘇聯共產黨以外最活躍的共產黨。在一九二〇年代時，德國共產黨相信納粹是資產統治階級的一部份，並將社會黨視為真正的敵人，此一情況導致納粹和德國共產黨多次合作，破壞社會黨的集會。

「長刀之夜」（Night of the Long Knives）

一九三四年六月，希特勒和黨衛軍對衝鋒隊進行大肅清。隨著希特勒的掌權，羅姆與衝鋒隊領導階層討論進行二次革命，計劃在過程中將傳統的權力集團一掃而空，表示衝鋒隊才是這個國家真正的保衛者。六月三十日，希特勒命令黨衛軍開始處決那些被認為是「政權敵人」的人。約有一千人遇害，包括羅姆和葛瑞果·史特拉瑟。

紐倫堡法（Nuremberg Laws）

由威廉·史圖卡爾特（Wilhelm Stukart）起草的一系列反猶太人法案，於一九三五年的紐倫堡大會上公開，並於當年九月開始執行。第一部有關公民身分的國家法承認人分為兩種等級：一個是帝國公民（Reichsbürger），他們擁有純日耳曼的血統：所有其他類別的人就是國家下級附屬人（Staatsengehörige），也就是國家

的臣民。在這些法案制定之後，大約有二百五十道行政命令隨之而來，剝奪猶太人的經濟權利，並強逼他們配戴大衛之星標誌。

帝國勞動役（Reichsarbeitsdienst）

根據一項在一九三三年六月二十六日制定的法律，所有年齡介於十九至二十五歲的男性都要強迫參與六個月的勞動服務。這項法律在後來也擴大到女性身上。

德國國會（Reichstag）

德國國會位於柏林市，一九三三年二月被大火燒毀後，國會議員改在柏林的克洛爾歌劇院集會。

德國國會大火（Reichstag Fire）

在希特勒擔任總理一個月後，德國國會大廈被徹底焚毀。次日，興登堡總統暫時凍結了所有的公民自由權，而此一行政命令在三月時成為法律，此舉導致希特勒的獨裁，而德國在實際上也成為一個警察國家。儘管共產黨員馬立烏斯·范得盧博（Marius van der Lubbe）為此一罪行被審判、宣告有罪並處決，但有人懷疑可能是衝鋒隊派出的一支小隊縱火焚毀國會大廈。

威瑪防衛軍（Reichswehr）

凡爾賽條約允許威瑪共和擁有的一支十萬人陸軍。

衝鋒隊（Sturmabteilung, SA）

也就是所謂的褐衫隊，他們是穿制服的納粹支持者，由恩斯特·羅姆從一九二一年開始招募。其成員大部份是由退伍軍人和前志願軍

人員組成，衝鋒隊的人數不斷成長，直到一九二三年慕尼黑「啤酒館政變」之後被查禁為止。然而隨著納粹的改革，衝鋒隊的數量繼續增加。當希特勒於一九三三年成為總理時，衝鋒隊的隊員數達到五十萬人。希特勒害怕羅姆和衝鋒隊變成敵對的權力基礎，因此下令黨衛軍在「長刀之夜」整肅衝鋒隊。

保防處（Sicherheitsdienst, SD）

納粹自己的情報和安全組織，由萊因哈德·海德里希指揮。其業務範圍十分廣泛，包括一九三三年納粹上台後的國內安全以及國外情報偵防。

黨衛軍（Schutz Staffel, SS）

德文原義為衛隊。他們在剛開始時是希特勒的私人貼身衛隊，在希姆萊的領導下變成國中之國、軍隊中的軍隊，最後發展成一個具有許多分支的組織，像是武裝黨衛軍（Waffen-SS）、集中營、種族與重安置辦公室，還有為數眾多的企業。在紐倫堡大審時，黨衛軍被宣告為犯罪組織。

歡樂力量旅行團（Kraft durch Freude, KdF）

納粹為工人設計之休閒娛樂計劃，成功且受到歡迎。運動和休閒活動使一般德國人更容易從事國外旅遊、遊樂區休閒和娛樂活動，其對第三帝國來說具有豐富的宣傳價值。

凡爾賽條約（Versailles Treaty）

一九一九年六月簽訂，結束第一次世界大戰的和平條約。該條約建立了國際聯盟，並成立捷克斯洛伐克、波蘭、匈牙利和立陶宛等國，還有但澤「自由市」。德國陸軍縮減到十萬人，海軍形同虛設，另外也禁止德國擁有空軍。

國民突擊隊（Volkssturm）

第三帝國最後一線的防禦單位，於一九四四年十月成立。年齡介於十六至六十歲的所有男性都被編入其所屬各轄區內，不過他們只有經過短期訓練，武器和制服都嚴重不足。

萬湖會議（Wannsee Conference）

一九四二年一月在柏林萬湖黨衛軍帝國安全總局召開的會議，會中決定了最終解決方案（即滅絕猶太人）。這場會議共有十五名黨衛軍和政府官員出席，由萊因哈德·海德里希主持。

威瑪共和（Weimar Republic）

從一九一九年至一九三三年統治德國的共和政體，其國民議會在威瑪集會，該城位於柏林西南方約二百四十公里（一五〇哩）處。

國家圖書館出版品預行編目 (CIP) 資料

平和、秩序與叛逆：第三帝國的日常生活／馬修‧休茲
（Matthew Hughes），克里斯‧曼（Chris Mann）著；于
倉和譯. -- 第一版. -- 臺北市：風格司藝術創作坊出版：軍
事連線雜誌發行，2014.09
　　面；　公分. --
　　譯自：Inside Hitler's Germany: Life Under the Third Reich
　　ISBN 978-986-6330-69-8 (平裝)

1.德國史　　2.希特勒時代

743.257　　　　　　　　　　　　　　　　103017305

平和、秩序與叛逆：第三帝國的日常生活

作　　者：馬修‧休茲（Matthew Hughes），克里斯‧曼（Chris Mann）
譯　　者：于倉和
審　　校：李政峰
責任編輯：苗龍
發 行 人：謝俊龍
出　　版：風格司藝術創作坊
發　　行：軍事連線雜誌
　　　　　106 台北市大安區安居街 118 巷 17 號
　　　　　Tel：(02) 2364-0872　Fax：(02) 2364-0873
總 經 銷：紅螞蟻圖書有限公司
　　　　　Tel：(02) 2795-3656　Fax：(02) 2795-4100
　　　　　地址：台北市內湖區舊宗路二段121巷19號
　　　　　http://www.e-redant.com
　　　　　E-mail:red0511@ms51.hinet.net
出版日期：2014 年 09 月　第一版第一刷
訂　　價：480 元
※本書如有缺頁、製幀錯誤，請寄回更換※

Copyright © 2002 BROWN REFERENCE GROUP LTD
Copyright in the Chinese language translation (complex character rights only)
©2011 Knowledge House Press
ISBN 978-986-6330-69-8　　　　　　　　　　　　　Printed in Taiwan

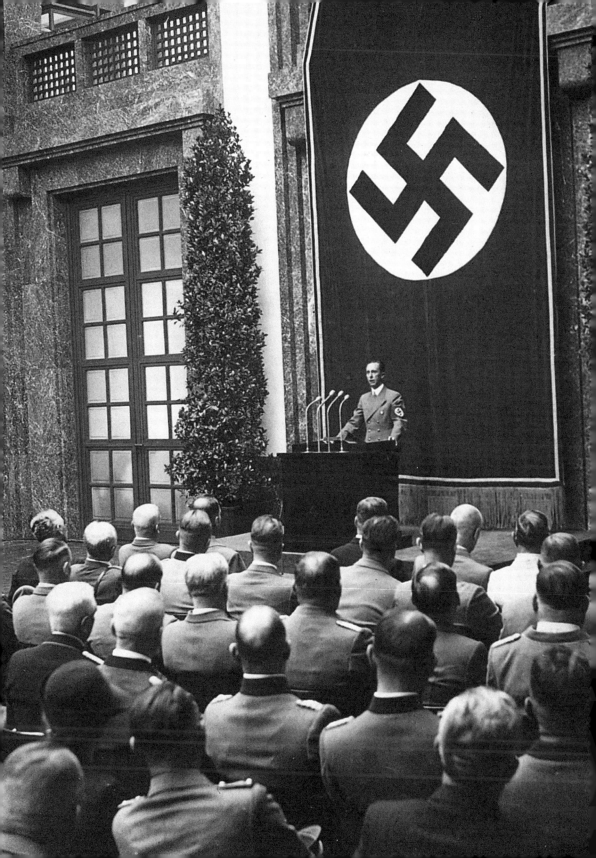

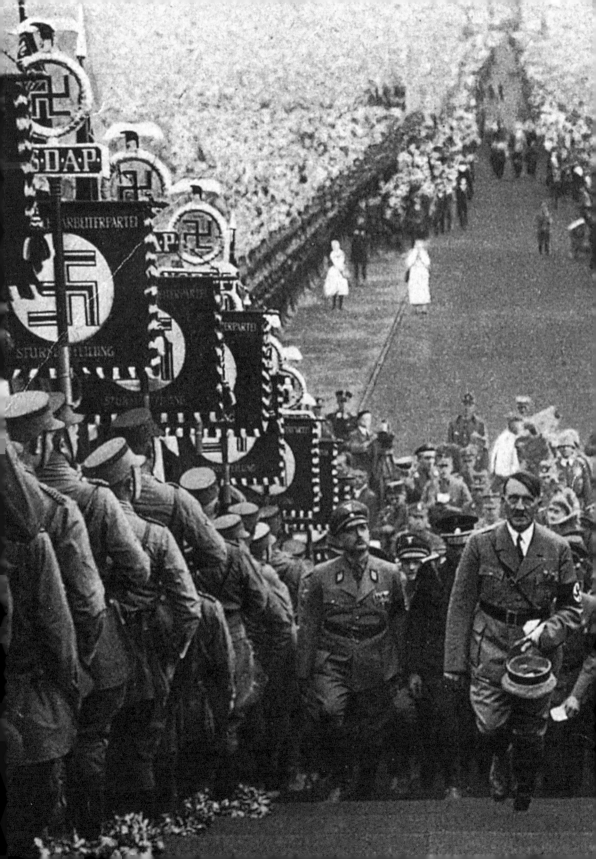